地方本科高校文科专业群 综合实践教学研究

张宝秀　主编

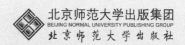

北京师范大学出版集团
BEIJING NORMAL UNIVERSITY PUBLISHING GROUP
北京师范大学出版社

本著作是全国教育科学"十二五"规划教育部重点课题（DIA110276）"地方本科高校文科专业群综合实践教学研究"的成果。

前　言

　　实践教学是学生巩固所学理论和加深知识理解的有效途径，对提高学生的综合素质、培养学生的创新精神与实践能力有着理论教学不可替代的特殊作用。地方本科高校以培养服务于地方社会经济发展和文化建设人才为主要任务，专业建设特别需要强调实践课程建设。人文社科类专业也不例外。北京联合大学一直非常重视实践育人，包括重视文科专业的实践教学工作。

　　北京联合大学是在1978年北京大学、清华大学、中国人民大学、北京师范大学等30多所高校创建的大学分校基础上发展起来的规模最大的北京市属高校之一，是一所地方综合性大学，学生主要来自北京和就业于北京，学校在发展过程中逐步树立了为首都经济社会发展培养应用型人才的办学方向。人文社科类专业的建设主要得益于原北京大学分校、中国人民大学二分校、北京师范大学分校等大学分校厚实的文科类学科专业基础。

　　从20世纪80年代初开始，我们通过对首都北京人才需求情况进行调研，开始探索应用文科、应用理科办学方向和实践教学模式。一方面，对人才培养目标和方案进行了改革，实现了基础性学科专业向应用型学科专业的转变；另一方面，在校内建设了实验室，包括少量文科实验室，在校外建设实践教学基地。随着对应用文科教育认识的逐步加深，对应用文科本科人才培养目标、素质和能力的定位越来越清晰，对文科实践教学的重要性和校内文科实验室建设必要性的认识也越来越深刻，建设了档案保护、物证技术等部分文科实验室。

　　针对首都北京越来越多地需要上手快、有后劲、素质全面、综合能力强的人文社科类人才的特点，同时为迎接教育部本科教学工作水平评估，北京联合大学文科实验室获得了飞越式发展，"应用文科综合实验教学中心"于2009年先后被评为北京市级和国家级实验教学示范中心。随后，以应用文科综合实验教学中心为基础，依托先进的数字校园基础设施，以文化遗产保护、传承与应用为主题，运用虚拟现实、云计算、新媒体、数据挖掘等相关技术，建成高度集成的具有多学科交叉特点的虚拟仿真实验教学平台——文化遗产传承应用虚拟仿真实验教学中心，该中心在2015年被评为国家级虚拟仿真实验教学中心。同时，在校外建设了故宫博物院、首都博物馆、北京市档案局（馆）、北京市国土资源勘测规划中心等100余家校外人才培养基地。依托校内国家级实验教学中心和北京市级、校级校外人才培养基地，极大地推进了文科类应用型人才培养模式的创新，构建了单专业系统性、模块化、递进式纵向实践课程体系，以及文理科多专业交叉性、集成化、协作式横向综合实践教学模式，学生实践能力突出。

在进行文科人才培养模式改革与实践探索的同时，学校也在开展相关的教育教学改革研究。早在1987年就发表了关于如何培养应用型专业人才的学术论文，是较早的应用型专业改革和建设的经典文献。1997年教学改革成果《努力办好应用文科、应用理科，培养应用型、复合型人才》获得北京地区普通高等学校优秀教学成果一等奖。先后出版了《建设应用型大学之路》（北京大学出版社2006年出版）和《地方本科高校应用型人才培养的实证研究——做强地方本科院校》（北京师范大学出版社2009年出版）两本应用型本科教育教学研究著作。2012年，《地方本科高校人文社科类多专业综合实践教学体系建设》获得北京地区普通高等学校优秀教学成果二等奖。

为提高研究的理论水平和实践推广价值，2011年我们和浙江师范大学、青岛大学联合申报了全国教育科学"十二五"规划课题"地方本科高校文科专业群综合实践教学研究"，获得教育部重点课题立项。课题重点探索纵向系统性、模块化、递进式专业实践课程体系和横向多专业交叉性、集成化、协作式综合实践教学模式。课题选择北京联合大学、浙江师范大学和青岛大学三所地方本科高校作为实践试点院校，边研究、边实践、边总结、边完善，保证研究成果的有效落实，切实提高文科学生的创新意识和综合实践能力。

　　经过数年的研究与实践探索，课题组撰写了这本著作。书稿共有十一章，分为三个部分。第一部分（第一至第三章）主要对相关概念、背景、现状和理论基础进行阐述；第二部分（第四至第八章）主要从课程体系、实施途径、教学方法、考核评价、保障机制五个方面对文科专业群综合实践教学进行系统论述；第三部分（第九至第十一章）主要对北京联合大学、浙江师范大学和青岛大学的文科专业群综合实践教学实施情况进行了案例研究。

　　该书的出版是十几位教师共同努力的结果。书稿的撰写分工如下：第一章（朱科蓉、张宝秀）、第二章（朱科蓉）、第三章（朱科蓉）、第四章（张宝秀、朱科蓉）、第五章（刘守合）、第六章（杨积堂）、第七章（王彤、解建红）、第八章（逯燕玲）、第九章（张宝秀、朱科蓉）、第十章（潘蕾）、第十一章（刘喜华）。全书由张宝秀负责统稿。由于书稿撰写人员较多，疏漏之处在所难免，敬请广大读者不吝指正。

　　文科专业群综合实践教学作为一个新生事物，还需要在实践中不断探索，在理论中继续研究。本著作只能算是阶段性成果，希望能够给教育主管部门提供有价值的政策建议，为地方本科高校提供可参考的改革思路。本书的出版得到了教育部、北京市教委、北京联合大学领导的支持，得到了浙江师范大学和青岛大学两个兄弟院校的支持，得到了北京师范大学出版社的帮助，在此一并感谢。

张宝秀　朱科蓉
2017年12月

目 录

第一章
绪论

地方本科高校的主要任务是为地方社会经济发展提供人才和成果支持。高校学科专业群建设与区域产业集群进行有效对接，是解决高校自我封闭的人才培养模式与服务社会、解决地方问题之间差距的重要途径。综合实践教学，既包括单一专业内部的综合实践教学，也包括多个文科专业之间联合进行的综合实践教学，是专业群建设和复合应用型人才培养的重要内容。

一、地方本科高校的定位与特征

地方本科高校一般是指主要由地方管理、以地方财政拨款或集资作为办学资金的主要来源、生源和分配大部分来自本地区、以本科教育为主的高校。其基本定位是服务地区经济社会发展需要，培养地方需要的应用型人才；少部分区位优势明显、办学条件优越的高校逐步向研究型高校发展。根据教育部官方网站提供的2016年统计数据，全国有普通高等学校2596所，普通高校中本科院校1237所，包括中央部委所属本科高校109所。地方本科院校，已成为我国高等教育的中坚力量，成为本科教育发展的重要基地。[①]在地方部门所属本科高校中，有27所高校进入了211工程，包括北京工业大学、上海大学、天津医科大学、河北工业大学、太原理工大学、内蒙古大学、辽宁大学、延边大学、东北农业大学、苏州大学、南京师范大学、安徽大学、福州大学、南昌大学、郑州大学、湖南师范大学、华南师范大学、广西大学、四川农业大学、云南大学、贵州大学、西北大学、海南大学、宁夏大学、青海大学、西藏大学、新疆大学。因此，这里所讨论的地方本科高校，是指没有进入211工程的普通地方本科高校。

---

① 潘懋元，车如山. 做强地方本科院校：地方本科院校的定位与特征研究 [J]. 中国高教研究，2009（12）.

（一）地方本科高校的定位

"高等学校定位"是指高等学校根据自身条件、职能、国家和社会需要以及学生需求，按照扬长避短的原则，参照高等学校类型和层次的划分标准，经过纵、横向比较和分析，在清醒认识自己的基础、优势和不足的基础上，明确自身在整个高等教育系统及同行中的位置，准确把握自身角色，并确定服务面向、发展目标及任务而进行的一系列前瞻性战略思考和规划活动。这里主要从区域定位、层级定位、能级定位与人才培养定位四个方面来讨论地方本科高校的自我定位情况。

1. 区域定位

区域定位是指高校培养出的人才服务的空间范围。香港科技大学吴家玮校长认为，每所大学都要有自己的特色和风格，尤其要强调定位的区域性和阶段性。他指出：一所好的大学在一个区域，等于一条鱼在水缸里，拿出来就会干死。一所大学必须清楚自己在国家、地区和不同阶段中的发展情况，才能定位清楚。[①]从地方本科高校所在地理位置来看，分布在省会和地级市的高校基本上各占一半。从各高校简介中的表述来看，各高校在区域定位上，基本上都定位于地方和行业，当然，对于"地方"所包含的范围是不同的。有的定位于高校所在的省（直辖市、自治区），有的定位于高校所在的地级市，有的定位于高校所在的行政区划（如华北、华东等），有的定位于某几个领域和行业。

---

① 原春琳. 香港科技大学吴家玮校长：世界一流大学要找准自己的定位 [J]. 中国青年报，2001（5）.

2. 层级定位

层级定位是指各高校在世界或中国整个高等教育系统中的地位。简单来说，就是大学排名问题。对大学进行排名的角度有不同，有整体综合实力排名、学科排名、就业竞争力排名等。从各高校对自身的层级定位来看，有普遍定位偏高的现象，很多高校提出要建设国际知名、国内一流，或国内知名、省内一流，或学科领域一流等目标定位。这表明很多高校没有准确认识到自身的办学历史与条件，更没有从地方经济建设发展与社会对高等教育多样化需要出发，去办有特色的高校，而是一味攀高，结果是办学模式趋同、办学特色迷失。

3. 能级定位

高等学校的能级结构，是指具有不同办学条件和目标，处于不同办学层次的高等学校的构成状态，主要侧重于按高等学校的办学和学术层次及其任务和目标的不同进行学校类别结构的分析。[①]根据高等学校的能级，可以将高等学校分为研究型院校、教学科研型院校、教学型院校。[②]从地方本科高校来看，只有少数几所高校提出要建研究型大学，多数高校提出要建教学研究型大学，还有部分高校提出要建教学型大学和应用型大学。

4. 人才培养定位

人才培养定位是根据高校的人才培养目标来定位，也就是说要培养哪一类型的人才。这里主要是指本科层次的人才培养目标定位。著名高等教育学家潘懋元先生指出："高等学校定位不只是高低层次的定位，

[①]　马陆亭. 高等学校的分层与管理 [M]. 广州：广东教育出版社，2004.

[②]　陈厚丰. 中国高等学校分类与定位问题研究 [M]. 长沙：湖南大学出版社，2004.

也不只是学科门类的定位。定位的主要依据应当是高等学校人才培养的职能。"① 众所周知，高等学校具有培养专门人才、发展科学和直接为社会服务三大职能。纵观高等学校社会职能的形成和演变历史，三大社会职能的形成顺序实际上也是其重要性的顺序。人才培养是高等学校最早形成，也是最首要、最根本的职能。从各高校校园网上的学校简介资料来看，很多高校并没有明确要培养哪一类型的人才，只是用一些概括性的词对要培养的人才应达到的基本要求做了描述。如"德智体美全面发展""宽口径、厚基础、强能力、高素质""基础扎实、实践能力强、有创新精神""有实践能力、创造能力、就业能力和创业能力""高级专门人才""有理想、有知识、会做事""知识结构优、实践能力强、敬业精神强、创新创业意识强"等等。但同时，也有一部分高校明确了人才培养类型，这些高校大都把人才培养目标定位于应用型人才。

（二）地方本科高校的特征②

地方本科高校不同于研究型、职业型高校的"本质规定性"在于：它结合学科和行业分设专业，培养面向社会一线的应用型高级专门人才。其面向上以行业性为主导，性质上以专业性为主线，类型上以应用型为主体，层次上以本科为主流，模式上以实践性为载体，突出强调专门性、针对性、实践性和行业性。

1. 地方本科高校应以"区域或行业"为主导

地方本科高校在管理体制上属于所在地方政府，在服务面向上主

---

① 潘懋元，吴玫. 高等学校分类与定位问题 [J]. 复旦教育论坛，2003（3）.
② 潘懋元，车如山. 做强地方本科院校：地方本科院校的定位与特征研究 [J]. 中国高教研究，2009（12）.

要定位于省（直辖市、自治区）、地级市，其生源以当地为主，学生毕业后多数留在本地就业，服务于地方特定行业。因此，地方本科高校，应当从自身所处的区位差异、地域特色和行业发展的特定结构、特定背景出发，对办学目标体系中的各项指标，科学地、恰当地、实事求是地定位，而不能脱离本地区的行业发展实际，不顾学校自身的综合实力，盲目追求高层次、高水平、高指标。

地方本科高校必须明确"主要为地方培养人才"的根本任务，建立主动适应地方科学技术、教育文化和经济建设的需要，一方面要坚持为地方经济和社会发展服务；另一方面要尽力以地方为依托，不断拓展学校自身的生存和发展空间。地方本科高校只有充分适应地方行业经济增长方式转变和产业结构调整优化的需要，紧密结合地方社会经济发展特性和行业需求来确定办学方向，才能使其培养的人才与地方社会经济发展相适应，并切实担负起对地方优势行业和支柱产业的重要支撑作用，实现高等教育与地方社会经济的协调发展。

2. 地方本科高校应以"专业"为主线

地方本科高校的专业内涵与专业结构既强调较强的专业应用性，又具备适度宽厚的学科基础；既有突出行业背景的应用性专业作为坚实平台，又有一定学科背景的宽口径专业或体现应用特征的主干学科和相关学科作为有力支撑。因此，地方本科高校一方面必须注重专业结构优化，对基础学科专业应当在保护的前提下进行应用性方向的改造，对产业技术含量高的通用性专业应加强宽口径整合和专业群建设，对培养创新型复合型专业性应用人才的交叉型专业应优先发展，对地方经济发展特别是对地方产业升级和支柱产业具有人才支撑、技术支撑重要作用的应用性专业应重点加强建设，倾力打造成优势专业和特色专业；另一方面地方本科高校必须按照"培养基础扎实、知识面宽、能力强、素质高的高级专门人才"的总体要求，构建独具特色的专业应用型人才培养方案，着力促进专业应用型人才培养模式的整体改革。

3. 地方本科高校应以"应用"为主体

在高等教育多样化和大众化背景下，地方本科高校应发展成应用型的高校。如前所述，专业性代表了高等教育的根本属性，而高等教育既可以是侧重学科性的专业性教育，也可以是侧重应用性的专业性教育，两者存在着职能属性与培养方向事实上的差异，学科性的专业性教育以研究高深学问、培养高层次研究型人才为标志，应用性的专业性教育以满足多样化社会需求、培养高素质应用型人才为标志；地方本科高校主要定位于应用型，这种教育与侧重学科性研究的普通大学教育同型异质。因此，其教育类型定位应以专业性为特征、以应用型为主体。

4. 地方本科高校应以"教学"为中心

高等教育的职能包括教学、科研和社会服务。如果说研究型大学以科研作为其凸显特征，那么，地方本科高校立足于自身定位特征，以地方应用型人才培养为核心，则更加强调教学职能的实现。可以说，教学是地方本科高校人才培养的中心。

地方本科高校的教学在人才培养方面具有自身独特的个性特征：既强调知识结构的基础性和综合性，又强调能力素质的实践性和综合性；既强调系统的专业理论知识的掌握，又强调专业实践能力的培养，还强调创新能力的培养。另外，地方本科高校还应重视学科建设和科研。大学是以学科为基础建构起来的学术组织，学科是承载教学、科研和社会服务的基础，是地方本科高校提升人才培养和科学研究水平、开发专业建设优质资源的重要基础，是增强学校核心竞争力、形成办学实力的标志。地方本科高校也应切实开展一定的应用性研究和科技服务，形成可持续发展的优势。

5. 地方本科高校应以"实践"为载体

地方本科高校与学术型大学错位发展的关键，在于其重视和强调实践性教学的优势。地方本科高校承担培养具有创新精神和实践能力的专业应用型高级专门人才的任务，其主要载体或途径在于加强实践性教学。地方本科高校要培养学生的实践能力，必须加大实践性教学的比重，强化实验课教学、实习与实训教学、课程设计或社会实践、毕业设计或毕业论文等实践性教学环节，通过实践性教学系统严格的训练，加强与工作体系、工作过程的对接性，以提高人才的专业应用能力、开发设计能力、技术创新能力和综合职业素养，切实增强人才培养的专业应用性核心竞争力。

实践性教学的重要途径是产学研合作。我们认为，产学研合作的深层次意义在于：它不仅是高等教育的方针政策，而且是现代社会发展的普遍规律，是培养应用型人才、提高教育质量的重要途径。其中"学"主要是传承知识，"研"主要是创新知识，"产"主要是应用知识，三者本质上都是知识运行的活动形式，存在相互依存的关系和内在本质联系。[①]产学研结合重在发挥实践性教学的主导性，将应用型人才培养计划与行业企业的用人标准实现融通对接，以合作教育为切入点，以人才培养为根本点，有针对性地培养实践能力强的应用型人才。

---

① 潘懋元. 产学研合作教育的几个理论问题［J］. 中国大学教学，2008（3）.

二、专业群

（一）专业群定义及特征

专业群是指由若干个专业技术基础相同或紧密相关、表现为具有共同的专业技术基础课程和基本技术能力要求、并能涵盖某一技术或服务领域的、由若干个专业组成的一个集群。[①]具体地说，专业群具有以下特征：有共同的行业基础和行业背景、有共同的学科基础和课程内容、有共同的实验实训设施基础、有核心专业。专业群所涵盖的可以是同一学科体系的专业，也可以是不同学科体系的专业，其范围可以用是否能在同一个实训体系中完成实践性教学加以界定。[②]

（二）本科

关于专业群建设的研究与实践，20世纪90年代中期已在职业高中或中专学校进行。[③]2006年，教育部、财政部在《关于实施国家示范性高等职业院校建设计划，加快高等职业教育改革与发展的意见》中指出："中央在100所示范院校中，选择500个左右办学理念先进、产学结合紧密、特色鲜明、就业率高的专业进行重点支持。形成500个以重点建设专业为龙头、相关专业为支撑的重点建设专业群，提高示范院

① 陈林杰. 高职院校专业群构建的路径研究与实践案例［J］. 中国职业技术教育，2007（26）：34.
② 应智国. 论专业群建设与高职院校的核心竞争力［J］. 教育与职业，2006（5）：33−34.
③ 罗勇武，刘毓，肖冰. 高职院校专业群研究现状述评［J］. 职教论坛，2008（11）.

校对经济社会发展的服务能力。"此后，陆续有不少院校开始关注专业群建设，在实践中做出了积极的探索。

当前，高职院校的专业群主要以一个或两个办学实力强、就业率高的重点建设专业作为核心专业，带动若干个工程对象相同、技术领域相近或专业基础相近的相关专业的集合。^①高职院校专业群建设实质上就是以专业建设为核心的资源整合活动，本质上是教育资源的优化配置。专业群建设要解决的是所有专业建设的发展问题，包括专业设置和优化问题，特别是龙头专业确定，重点专业发展建设，以专业能力培养为主线的实践教学与实训基地建设，以及适应专业群教学需要的"双师素质"师资队伍建设等问题。^②

近年来，在一些本科院校也相继出现了"专业群"概念。如广州大学建筑与规划学院提出"建筑学专业群"，该专业群包括建筑学、城市规划、环境（景观）设计等建筑类应用型专业，这些专业都实行与执业注册制度相配合的专业教育评估制度，具有较多的相同专业教育特征。^③针对该专业群，学校提出了"框架+强势"的人才培养模式，该模式是一种基于相近专业所属学科共同的知识传授与能力培养框架平台、旨在对学生个体强势能力进行极化培育的本科人才培养模式。^④

宁波大学提出了创新服务型电子信息专业群建设方案。该专业群依托信息与通信工程、通信与信息系统、计算机应用技术、电路与系

---

① 袁洪志. 高职院校专业群群体探析［J］. 中国高教研究，2007（4）.

② 刘方，何玉宏. 高职院校专业群构建的路径探析［J］. 常州信息职业技术学院学报，2010（1）：28-30.

③ 龚兆先. 建筑学专业群学生能力的极化培养：模式与实施保障［J］. 中国建设教育，2009（10）：12-15.

④ 龚兆先. 一种新型本科人才培养模式："框架+强势"［J］. 高教探索，2007（6）.

统等二级学科，整合计算机科学与技术、电子信息科学与技术、电气工程与自动化、通信工程等专业进行建设。针对该专业群，学校提出了"平台+模块+技能"的"双证书"人才培养体系。学校以学科大类招生，本专业群各专业属于"工程技术类"，学生入学后学习"工程技术类学科大类教育平台"课程，学完后根据学生选择的专业，进入相应"专业教育平台"课程学习。学生学习完"专业教育平台"课程后，在各专业中自主选择某一专业方向，学习相应的"专业方向模块"课程，完成对应的实践实训和毕业设计，达到学校规定的本科毕业要求。在"双证书"人才培养体系中，根据不同专业方向各自不同的人才培养特点、专业知识和能力要求，为每个专业方向提供对应的职业技能培训，学生完成要求的学习和实践训练，经考试可获得职业技能证书。

广西师范学院把地理科学、土地资源管理和地理信息系统等专业组建成资源与环境类优势学科专业群，探索出了一条"集人才培养、科学研究与社会服务为一体，大力推进特色专业群建设"的有效途径。学校以优势学科为依托，以科研为支撑，构建资源与环境类学科的专业课程群，并将相关实验室进行了整合，成立地理实验教学中心，形成了相关的学术团队和教学团队。[①]

（三）跨校专业群

前面提到的高职专业群与本科专业群都是局限在一所高校之内，北京地区高校近年来还开展了"跨校专业群"建设。为进一步推进北

[①] 毕燕，胡宝清. 资源与环境类国家特色专业群建设实践与思考 [J]. 中国大学教学，2010（8）：43-45.

京高校优质教育资源共享，深化专业建设内涵，提高高等教育质量，北京市教委在"十二五"期间，计划重点建设30个左右北京高校专业群。2011年开展了首批专业群建设试点，包括机械类专业群、计算机与信息类专业群、经济与贸易类专业群、会计学类专业群、英语类专业群。牵头的高校分别是：北京科技大学和北京信息科技大学、北京航空航天大学和北京工业大学、对外经济贸易大学和首都经济贸易大学、中央财经大学和北京工商大学、北京外国语大学和首都师范大学。试点建设以来，积极探索专业群合作机制和模式，制定建设规划并围绕课程改革、教学实践、培养模式创新、教学研讨、教师互派、学生互访等方面进行了广泛的交流和合作，取得了一系列建设成果。

北京市教委2012年进一步扩大专业群建设范围，启动第二批5个专业群——电子信息类专业群、工商管理类专业群、新闻出版类专业群、法学类专业群和管理科学与工程类专业群，牵头的高校分别是：北京邮电大学和北方工业大学、北京交通大学和北京联合大学、中国传媒大学和北京印刷学院、中国政法大学、北京理工大学和北京物资学院。

在专业群建设中，通过组建各专业群专家委员会，指导群内各校共同研究制定专业规范化的培养方案，探讨核心课程及设置标准，特别是在专业群核心课程资源共享课建设方面开展工作，使北京地区高校的特色优势专业得到进一步提升，促进新建专业和基础薄弱专业的建设，从而使得北京地区高校各专业形成集群合力，协同发展。北京市教委陆续成立专业群专家委员会，并于2013年至2015年，每个专业群建设10门左右专业核心课程资源共享课。

（四）文科专业群

广州大学、宁波大学和广西师范学院开展的本科专业群改革，主要是在同一个学科门类的相近专业之间进行，各专业之间有共同的学科基础，改革方向基本是宽口径、强专业，注重加强学科专业平台课程建设，注重培养学生多专业复合技能。北京市教委开展的专业群建设则是在不同高校的相同专业大类之间进行，建设的目的是为了加强高校之间同类专业的合作与优质资源共享，以及制定相关的规范和标准。

文科专业群主要是以文学、历史学、法学等类专业为核心多个人文社科类专业组合而成的专业集合体。"中国习惯上把一切科类与专业划分为'文''理'两个大类，前者主要指的是以人文社会现象为研究对象的学科和专业，它们探讨的是人与人，以及人与社会的关系。后者主要是以客观自然世界及其现象为研究对象的各种学科和专业，它们探讨的主要是自然界的问题与规律。"[①]从《普通高等学校本科专业目录》来看，除了理学、工学、农学和医学外，其他学科基本上都可纳入到"文科"的范畴。因此，文科专业群是一种跨学科、多专业组合而成的集合体。文科专业群的建设是个系统工程，它以课程体系改革为核心，带动相关教材、教学方法、教学途径、考核评价、师资队伍和环境基地建设等各个方面。

为什么要开展跨学科、多专业的专业群建设？因为真实社会问题的解决往往需要跨学科、多专业的协同。这就要求高校在人才培养过

---

① 谢维和. 中国高等教育大众化进程中的结构分析：1998—2004年的实证研究 [M]. 北京：教育科学出版社，2007：58.

程中，不仅要让学生掌握多学科的理论知识，而且要让不同学科专业的学生共同参与到实践中，在实践中既提高学生各自的专业应用能力，又培养学生从不同的专业视角来看待问题和解决问题，提升协作能力和团队精神，为学生就业后迅速融入真实的工作环境奠定基础。作为地方本科高校，其主要任务是为地方社会经济发展提供人才和成果支持。因此，如何解决高校自我封闭的人才培养模式与服务社会、解决地方问题之间的差距，成为当前我国地方本科高校重点思考的问题。高校的学科专业群建设需要与区域产业集群进行有效对接，是解决这一差距的重要途径。我国当前正处于文化大发展、大繁荣时代，文化产业正成为我国的支柱产业，高校的文科专业与文化产业密切相关，开展文科专业群建设，能有效对接文化产业集群的发展。

三、有关文科综合实践教学的概念

（一）文科

文科，是相对于理科与工科而言的，又称人文社会科学，是人文科学和社会科学的总称，是研究人类社会独有的政治、经济、文化等各种人文社会现象的科学。人文科学是研究人类文化及其发展的，包括哲学、历史学、文学、艺术学4个学科门类；社会科学是研究社会发展、社会问题和社会规律的科学，包括法学、经济学、教育学、管理学4个学科门类。

理科，即自然科学，是研究自然界的物质形态、结构、性质和运动规律的科学，包括数学、物理学、化学、生物科学、天文学、地质学、地理科学、大气科学、力学、心理学、环境科学、电子信息科学、统计学等。

工科，即工程科学，是将自然科学的原理应用到工农业生产部门中去而形成的各学科的总称，是应用数学、物理学、化学等基础科学的原理，结合生产实践所积累的技术经验而发展起来的学科，如土木建筑工程、机械工程、水利工程、机电工程、化学工程、环境工程、航空航天工程等。

此外，还有农学、医学、军事学等具有交叉学科性质的学科门类。

对于高等教育而言，"文科"就是指人文社科类学科专业，包括教育部《学位授予和人才培养学科目录》和《普通高等学校本科专业目录》中除了理学、工学、农学、医学和军事学之外的其他学科和专业，即哲学、经济学、法学、教育学、文学、史学、管理学、艺术学8个学科门类所包含的学科和专业。

（二）综合

综合，是将不同种类、不同性质的事物组合在一起。"综合"的基本词义来源于纺织技术，"综"是织布机上使经线上下交错以接受纬线的一种装置，一综可提数千根经丝，所以含有"总聚""集合"之意。"综合"就是将几千根不同的经线通过"综丝"把它们聚合起来便于操作。因此，"综合"便引申为将不同部分、不同种类、不同性质的事物合并成为一个整体来对待。

从方法论的角度看，"综合"是与"分析"相对的，是在分析基础上进行的，是把事物的各个部分联结成一个整体加以考察的思维方法。

辩证逻辑把分析与综合看作认识过程中相互联系着的两个方面，并把它们作为一种统一的思维方法。综合，其基本特点就是探求研究对象的各个部分、方面、因素和层次之间相互联系的方式，形成一种新的整体性的认识。综合不是关于对象各个构成要素的认识的简单相加，综合后的整体性认识具有新的关于对象的机理和功能的知识。综合的成果往往导致科学上的新发现。科学的综合一般说来分为两类：一种是多种学科的综合，产生一种综合性的边缘学科；另一类是学科内的综合。① 综合的方法，无论在现代自然科学还是人文社会科学的认识中都起到了越来越重要的作用。

（三）文科综合

文科综合，顾名思义，就是将不同的人文社科类学科专业组合在一起。从认识世界的历史过程来看，人类的知识体系越来越细化，相应地，知识的组织体系——学科也越来越细分，但世界是一个复杂的、多元的巨系统，需要人们多方位、多角度，运用多个学科的知识来认识它，所以出现了学科不断综合、交叉的趋势。人文社会科学研究复杂的人类文化和社会发展问题，各个学科的研究对象都是人类社会的一个侧面，彼此之间存在着千丝万缕的联系，无法完全分开，所以更需要进行综合性研究和认识。高校在理论教学、实践教学以及教学管理中，都可以将不同的人文社科类学科专业组合在一起，即进行文科学科专业的综合或者说集成。

文科综合，有两种类型：第一种类型是同一学科门类的学科专业

---

① R. 哈雷. 科学逻辑导论 [M]. 李静等译. 杭州：浙江科学技术出版社，1990.

综合，这是各个大学里常见的综合方式，通常由同一学科门类的学科专业组成一个学院，自然科学和工程科学的学科专业也是如此；第二种类型是不同学科门类学科专业之间的综合，这种跨学科门类的文科综合，在教育部启动国家级"文科综合类"实验教学示范中心建设单位评审以来，工作得到了加强。此外，还有文科与理科、工科之间进行学科专业交叉综合的类型。

无论哪类文科综合，特别是跨学科门类的文科综合，都不应是各个文科学科专业的简单相加、拼凑，而应形成一个有机的整体，综合在一起的学科专业集合体应是一个内在联系紧密、资源充分共享、特色优势互补的学科专业群。文科综合应形成交叉学科优势，更有效地研究和解决复杂的人类文化和社会发展问题，更有针对性地培养这方面的人才。

文科综合，不仅仅是文科学科专业的组织机构、实验室等资源的物理集合，更应当是从理论认识、思维方法的高度和角度看待"综合"，改变观念，提升认识水平，把综合体的各个组成部分作为一个整体加以考察，深化对各个学科、专业之间相互联系和关系的认识，形成一种新的整体性认识。文科综合的成果应该是提升了平台、丰富了资源、深化了认识、变换了视角、扩大了影响、提高了质量。

（四）文科综合实践教学

实践，是相对于理论而言的，是实际去做，是操作、履行。实践教学，是"相对于理论教学的各种教学活动的总称"①。综合实践教学，广义上是运用系统论的思想将实践教学的各个环节有机组合在一起；

---

① 顾明远. 教育大辞典：增订合编本［M］. 上海：上海教育出版社，1998.

狭义上是指具有一定总结性、聚合性的集中实践教学活动，而不是单一课程涉及的课程实验、课程实践等。此处讨论的是后者。

　　文科综合实践教学，相应于"文科综合"的两种类型，既包括单一专业内部的综合实践教学，也包括多个文科专业之间联合进行的综合实践教学。前者有利于系统培养学生专业理论联系实际的能力；后者则是打破人文社科类专业传统实践教学活动彼此隔离的状态，文科多专业跨专业甚至跨学科综合集成实践教学的系统化实践教学活动，更加有利于培养文科学生的综合实践能力。

第二章

国内地方本科高校文科专业群
综合实践教学状况

课题以北京联合大学、河北大学、黑龙江大学、辽宁大学、青岛大学、浙江工商大学、浙江师范大学7所地方本科高校为对象，对这些高校的文科专业群实践教学状况进行调研。由于不同高校学科专业建设状况不同，其文科专业群的构成情况也不太一样，但在建设理念与平台支撑方面基本相似。

一、文科专业群的构成

　　北京联合大学将历史学、档案学、新闻学、汉语言文学、广告学、英语、法学、公共事业管理、资源环境与城乡规划管理、地理信息系统、信息与计算科学这11个文理科专业构建成文科专业群。各专业均建设了从基础到专业再到创新的系统性、模块化、递进式实验教学体系，同时强调实践能力的培养要打破专业之间的传统樊篱，引导文科专业之间以及文理科专业之间走向综合、交叉互动、集成融合，构建了跨学科多专业综合实践教学体系。

　　河北大学将9个文科学院的45个专业方向组成文科专业群，建立了四层次、多平台、跨学科的实验教学体系。通过必修、专业选修、公共选修等实验课以及随课实验、集中实验、毕业设计、毕业实习等形式，开设了实验课110门，实验项目678个，项目包括基础实验、综合实验、设计实验、创新实验、开放性的毕业设计和课题研究等。

　　黑龙江大学将新闻学、法学、档案学、旅游管理等40个文科类专业组成文科专业群，并根据文科应用类专业的特点组建了由经济类、新闻类、档案类、社会工作类、法学类、旅游管理类及心理学类这7个模块构成的专业类实验课程，实现了专业实验模块化，不同专业的学生可根据需要选择专业实验课程模块，另外，可将其他模块的课程作为选修课进行修读。

　　辽宁大学将经济学、管理学、政治学、哲学、文学、历史学、法学、心理学这8个学科31个专业建成文科专业群，并按照政法、经管、文史三大类来开发实验课程。其中政法类开设了22门课程，116个实训项目；经管类开发了46门课程，224个实训项目；文史类开发了61门课程，367个实训项目。

青岛大学将文学、管理学、经济学这3个学科23个专业建成文科专业群，开设56门实训课程，年实训人时数达26.6万。形成了计算机基本技能模块、统计数据处理模块、专业技能训练模块、理论基础实训模块4个模块的实训内容。

浙江工商大学将全校文科类27个专业构建成文科专业群，开设了131门实验课程。以大商科特色为立足点，从大局考虑，宏观把握，打破学科界限，按照集中规划、集中投资与统一布局的要求，逐步建立跨学科、跨专业的综合实验平台。

浙江师范大学将全校26个相关文科专业构建成文科专业群，提出"多元融合、学用兼善"的实验教学理念，决定打破文科实验室原"依托专业、分散建设、归属学院"的建设与管理模式，确立"跨学院、跨专业、大中心、大平台"的建设与管理新思路，将全校文科实验教学划分为综合素养实验教学、基本技能实验教学、专业技能实验教学和创新创业实践教学四大平台，构建旨在培养学生人文素养、科学素养、艺术素养和基本技能、专业技能、创新能力的"素养能力一体化"实验教学体系，即"433体系"。

从各高校文科专业群的构成情况来看，文科专业群所含专业不只局限于文科类专业，甚至还包括部分相关的理工科专业；不仅实现了文科综合，还部分实现了文理交融；不仅从传统的理论层面实现通识教育，而且从实践层面实现跨专业跨学科综合实践。

表2-1　各高校专业群的构成状况

序号	学校	专业群的构成状况
1	北京联合大学	历史学、档案学、新闻学、汉语言文学、广告学、英语、法学、公共事业管理、资源环境与城乡规划管理、地理信息系统、信息与计算科学
2	河北大学	金融学、经济学、保险学、国际经济与贸易、统计学、工商管理、市场营销、电子商务、人力资源管理、图书馆学、信息管理与信息系统、公共事业管理、劳动与社会保障、档案管理、财政学、会计学、旅游管理、财务管理、汉语言文学、古典文献、对外汉语、社会工作、法学、政治学与行政学、哲学、历史学、音乐学、艺术设计、戏剧影视文学、绘画、动画、广播电视编导、英语、日语、法语、俄语、朝鲜语、新闻学、广告学、广播电视新闻、编辑出版学、教育学、教育技术学、学前教育、应用心理学
3	黑龙江大学	法学、治安学、俄语、阿拉伯语、韩语、日语、教育学、应用心理学、工商管理、国际经济与贸易、会计学、金融学、经济学、人力资源管理、市场营销、统计学、历史学、旅游管理、对外汉语、汉语言文学、德语、法语、西班牙语、英语、传播学、广播电视编导、广告学、新闻学、编辑出版学、档案学、电子商务、图书馆学、信息管理与信息系统、商务英语、公共事业管理、社会工作、社会学、行政管理、哲学、政治学与行政学
4	辽宁大学	金融学、统计学、保险学、经济学、工程管理、国际经济与贸易、国民经济管理、财政学、劳动与社会保障、行政管理、人力资源管理、工商管理、项目管理、会计学（含注册会计师专门化）、旅游管理、市场营销、国际政治、法学、新闻学、广告学、汉语言文学、历史学、档案学、编辑出版学、哲学、英语、法语、德语、俄语、日语、朝鲜语
5	青岛大学	国际经济与贸易、国际商务、工商管理、信息管理与信息系统、电子商务、物流管理、市场营销、人力资源管理、会计学、财务管理、公共事业管理、旅游管理、工业工程、经济学、金融学、财政学、统计学、保险学、汉语言文学、新闻学、广告学、广告艺术设计、影视编导

续表

序号	学校	专业群的构成状况
6	浙江工商大学	工商管理、市场营销、人力资源管理、工程管理、经济学、国际经济与贸易、劳动与社会保障、金融学、保险学、统计学、数学与应用数学、信息与计算科学、会计学、财务管理、审计学、旅游管理、资源环境与城乡规划管理、城市管理、法学、汉语言文学、编辑出版学、文化产业管理、广告学、土地资源管理、公共事业管理、行政管理、社会工作
7	浙江师范大学	思想政治教育、法学、社会工作、行政管理、汉语言文学、历史学、戏剧影视文学、翻译、日语、英语、音乐学、音乐表演、美术学、艺术设计、财务管理、电子商务、工商管理、市场营销、会计学、国际经济与贸易、财务会计教育、金融学、旅游管理、旅游管理与服务教育、对外汉语、汉语言文学

二、文科专业群综合实践教学的理念

理念是行动的先导，是指导文科专业群实践教学建设的方向与思路。尽管各高校实践教学理念表述各不相同，但基本都打破了传统单一的专业实践教学的束缚，从单专业走向跨专业，甚至跨学科，形成专业群。

北京联合大学以"人文综合、文理交融，学以致用、实践育人"为实验教学理念，强调实践能力的培养要打破专业之间的传统樊篱，引导文科专业之间以及文理专业之间走向综合、交叉互动、集成融合；强调实践能力的培养要围绕区域建设中的真实问题，以应用为本，以能力培养为核心，培养综合素质高、应用能力强、具有创新精神的人文社科类复合型应用型人才。

黑龙江大学充分利用文科大平台，一直秉承"三个注重"，即"基础实验注重共享、专业实验注重方向、综合实践注重个性"的教学理念，不断加强实验教学建设，努力提高文科专业学生基本技能及全校学生人文素养。

河北大学经过多年的探索与实践，形成了如下实验教学理念：秉承底蕴深厚的文化传统，弘扬博学、求真、惟恒、创新的校风，发挥基础雄厚、门类齐全的文科优势，坚持以人为本，理论教学与实践教学并重，构建全方位、多层面、立体化培养模式，促进学生知识、能力、素质的协调发展，培养强能力、高素质、融通型、创新型人才。围绕这一理念，积极推进实验教学改革，完善实践教学体系，提高人才培养质量，努力打造学科融通、开放集中的"大文科"综合实验中心。

青岛大学实训教学秉持"以学生为本的教育思想，以提高学生的创新能力和实践能力为核心目标，理论教学和实践教学并重，创新精神和实践能力培养相互融合、校内培养与校外实践锻炼有机结合"的理念，注重在实践中培养学生科学的学习态度、严谨的作风和对知识的综合运用能力，以全面促进学生的思想道德素质、科学文化素质和身心健康素质的协调发展。树立"跨专业、跨学科、大中心、开放式、一体化"的新型文科实训教学体系建设理念，鼓励跨学科交叉、学科间相互融合、资源共享和高起点建设。

浙江工商大学实施和强化文科类专业实验教学的总体理念和指导思想是"融虚于实，以实促虚，点面结合，践行创新"。融虚于实，是指必须改变传统的重教师理论传授、轻学生自主实践学习的教学模式，以现实社会实践活动为实验内容，让学生进行模拟操作和实战训练，从而将其所学的理论知识融于实际，融会贯通；以实促虚，学校即通过实验教学中的各个模拟、实战环节，主办、参与各类学科竞赛，激发学生学习的主动性和积极性，使学生对所学的专业理论知识有一个更深入、更感性的理解，从而达到巩固和提升理论知识的目的；点面结合，即一个成熟的实验体系应当是由基础实验、专业实验、综合实验以及创新实验四个不同层次的实验类型所组成的；践行创新，是指让文科类专业的学生通过模拟实验、实战训练，以实验室为平台，参与各类学科竞赛，活跃思维，激发创造性，从而提升学生的综合实力，为其今后的就业、创业打下良好且坚实的基础。

浙江师范大学以"多元融合、学用兼善"作为实验教学的基本理念，并将这一理念贯穿于整个实验教学活动。多元融合，即多元平台、多元素养、多元能力的融合，按"跨学院、跨专业、大中心、大平台"的新型实验平台概念，将文科实验教学划分为综合素养、基本技能、专业技能和创新创业四大实验、实践教学平台，分别提升三大素养，培养三大能力。同时，融文科各专业实验教学于一体，融知识传授、素养熏陶、能力培养、素质拓展于一体，融教学、科研、服务于一体。其中，综合素养和基本技能实验教学平台强调通用性、普适性，专业技能实验教学平台注重专业提升，创新创业实践教学平台突出个性发展。学用兼善是以培养"厚素养、精技能、强能力、善创新"的高素质文科人才为目标，通过创设"体验熏陶—技能实训—专业深化—应用拓展"衔接贯通的实验教学新途径，注重文科学生人文素养、科学素养、艺术素养的提升和基本技能、专业技能、创新能力的培养，强调"学以求知，用以炼能"，构建"学以致用、用以促学、学用结合"的实验教学环境。

三、文科专业群综合实践教学的平台建设

开展文科专业群实践教学，需要校内外相结合，在校内建设文科综合实验教学中心，在校外建设人才培养综合实践教学基地。对于文科类专业来说，校外实践基地的建设相对较成熟，但校内实践教学平台的建设相对较晚，因为文科人才培养的主要途径还是社会调查和社会实践。

教育部2008年启动评审"文科综合类"国家级实验教学示范中心工作，大大推动了各地高校校内文科综合实验教学中心的建设。各高校上报的实验教学中心涉及历史学、文学、艺术学、法学、经济学、教育学、管理学7大学科门类。这说明"文科综合类"国家级实验教学示范中心几乎涵盖了所有的文科学科专业，文科受益面很广。2009年教育部评审立项了首批10家文科综合类实验教学示范中心，各省市也建设了一批文科综合类实验教学示范中心。这些文科综合类实验教学中心的建设，为文科专业群实践教学的开展提供了很好的校内平台。

北京联合大学应用文科综合实验教学中心是涵盖历史学、档案学、新闻学、汉语言文学、法学、广告学、英语等8个文科类专业的校内实践教学平台，主要服务约3500名文科学生，同时还为校内理工科学生和学院路地区教学共同体中的其他高校学生提供人文社科类选修课程的实验场所。中心建设有基础平台和专业应用两个系列，共28个实验室，两个系列实验室空间布局各自相对集中，便于利用。在此基础上，学校进一步理顺实验教学管理体制，设置独立的文科中心教学和管理机构，采用对所有实验室进行集中管理、统一建设、开放共享的运行模式，使学校的文科实验教学资源得以高度集成和高效利用。同时，依托中心丰富的实验教学资源，切实落实各个专业的实验教学环节，

大力加强实践教学队伍建设、教学方法改革和实践教材建设等，有力地支撑了文科专业纵向和横向综合实践课程的建设和实施。

河北大学文科综合实验教学中心依据学校实验教学理念，结合学校专业设置情况，整合优化实验资源，实现学科互通互融，搭建了以下五个实验教学平台：

（1）理工基础实践平台：计算机基础、程序设计、数据库、办公自动化、演示物理、金工实习、博物识别等。

（2）文化艺术实践平台：外语、同声传译、中文信息处理、古籍整理、语音分析与处理、语言习得与分析、汉字整理、美术、绘画、声乐、器乐、舞蹈、影视艺术鉴赏、文物鉴赏等。

（3）数字媒体实践平台：影视编辑与制作、数码摄影与制作、MIDI音乐制作、广播编辑、广播电视模拟直播、报纸编辑、书刊编辑、动画制作、艺术设计、网页设计与制作、平面设计、电子杂志、出版印刷、多媒体著作工具、教育技术等。

（4）经济管理实践平台：商业银行模拟经营、金融模拟交易、保险经营与精算、数据挖掘与经济分析、国际贸易与结算、ERP、电子商务、沙盘模拟、市场营销、人力资源管理、创业训练、会计电算化、信息管理、手工会计、税收管理、档案保护、文献整理等。

（5）法律教育实践平台：刑侦、法医鉴定、物证技术、模拟审判、法律谈判、社会工作、实验心理学、普通心理学、认知心理学、心理咨询、心理测评、人员素质测评、教学设计等。

浙江工商大学立足大商科特色，搭建跨学科实验平台。实验中心建设始终以大商科特色为立足点，从大局考虑，宏观把握，打破学科界限，按照集中规划、集中投资与统一布局的要求，逐步建立跨学科、跨专业的综合实验平台。实验室按照学科及专业特点进行有效整合，共享软硬件资源，最大限度地发挥实验室的功效。对专业特色明显的实验室，进行重点扶持和引导，着力突出其特色，使其在综合实验体系中成为一个不可或缺的亮点。

浙江师范大学按"跨学院、跨专业、大中心、大平台"的新型实验平台概念，搭建统一的文科综合实验教学中心，将文科实验教学划分为综合素养、基本技能、专业技能和创新创业四大实验实践教学平台。通过四个各有侧重、有机联动的实验、实践教学平台，创设"体验熏陶—技能实训—专业深化—应用拓展"衔接贯通的实验教学新途径，有效促进了文科学生综合素养、多元技能、创新能力协同并进、全面发展。

黑龙江大学文科综合实验教学中心包括计算机类实验平台、专业实验平台及综合实践平台。中心将所有文科学院基于计算机环境的实验室进行整合，搭建了计算机类实验平台，承担全校文科专业基于计算机环境的专业实验课程，实现了设备、师资等教学资源的开放共享；将所有非计算机环境的文科专业实验室进行分类集中管理。同时，重点加强了对原有重复建设的实验室进行整合、扩建，搭建专业实验平台，由经济管理类实验室、档案类实验室、旅游管理类实验室、法学类实验室、社会工作类实验室、心理学类实验室、传媒类实验室共7类、32个实验室，承担全校文科专业实验课程。整合了学校原有同声传译训练中心、外语自主学习活动中心、演播室、模拟法庭、模拟派出所等，建设了办公自动化实训室、法律援助中心、心理咨询中心、学生创业园等校内实践场所，搭建了综合实践平台，解决了由于实习场所原因，文科专业学生课程实习、专业实习难以开展，到社会上实习效果很难保障的问题。

四、文科专业群综合实践教学的课程体系

实践教学体系设计是实践教学的顶层设计，文科专业群实践教学体系的设计要突破传统单专业实践教学自成体系，专业与专业之间没有交叉互动的局限，应以专业集群的思路，既保证各专业实践教学的完整性、系统性，又要加强专业之间的集成融合。

北京联合大学打破了专业之间的界限，依托国家级实验教学中心，构建了统一的"三层次五类型四结合"的实验教学体系。实验课程分三个层次：第一层次为基础平台系列实验课程，主要培养学生基本技能和基本素质，这一层次基本所有专业学生都要上；第二层次为专业应用系列实验课程，培养学生专业核心应用能力，不同专业学生选修不同的专业应用实验模块；第三层次为拓展创新系列实验课程，培养学生协作精神、创新精神和综合创新能力，一般由不同专业学生共同完成。实验教学分为五种类型，即观察体验式演示实验教学，情景仿真式模拟实验教学，全真案例式实操实验教学，专业集成式综合实验教学，创新设计式自主实验教学。这五种实验教学根据学生不同学习阶段安排，由浅入深逐步递进。采取"四结合"的教学体系实现路径，即实践教学与理论教学相结合、校内实验与校外实践相结合、单个专业纵向系统与多个专业横向综合实践教学相结合、实践教学与应用性科研相结合。

黑龙江大学构建了文科"基础实验共享化—专业实验模块化—综合实践仿真化"的纵深化的实验教学体系。（1）文科基础类实验课程：包括摄影、信息检索、办公自动化、计算机在统计中的应用、文书学、计算机基础共七门课程。基础课程注重整合部分实验内容，实验内容打破了专业之间的界限，形成了综合型、现代化、开放共享的大文科

类基础实验教学平台，实现了基础实验共享化。（2）专业类实验课程：根据文科应用类专业的特点组建了由经济类、新闻类、档案类、社会工作类、法学类、旅游管理类及心理学类7个模块构成的专业类实验课程，实现了专业实验模块化，不同专业的学生可根据需要选择专业实验课程模块，另外，可将其他模块的课程作为选修课进行修读。（3）综合实践：包括组建实践团队、开展实验室开放基金项目以及在综合实践平台开展各种实践训练活动等。中心在综合实践平台各实践场所建立了仿真化工作平台，为学生实践训练提供条件，实现了综合实践仿真化。

河北大学实验教学体系分为四个层次：第一个层次为基础实验层次，主要对所有文科学生加强基本能力和基本素质培养，包括计算机和网络素质、办公自动化素质、法律意识、美学素质和外语素质的培养，提高学生的综合能力。第二个层次是根据各专业的培养目标设置的专业实验层次，这一层次主要是对基本理论的验证和认识。第三个层次是根据学科培养方案设置的综合实验层次，该层次根据实验特点分为专业综合实验模块和学科综合实验模块。通过专业综合模块的训练，可以整体地、系统地理解知识，加深对理论的体验，使学生真正掌握知识的精髓，从而提高学生的实践能力和综合设计能力。跨专业综合实验模块是从更宏观、更综合的角度模拟实际业务，学生需要掌握和运用多个相关学科的知识。第四个层次是创新创业实验层次，该层次的实验通常给出初始资料或数据，要求学生综合所学理论，形成一套完整设计方案。另外，中心鼓励教师将科研课题转化为实验项目，作为实验教学及实验室开放的教学素材。

辽宁大学在设计实训教学体系时，以"实践能力、应用能力、创新能力"培养为重点，把握三个"环节"（实训课程比重、应用性和创新性实训、实训项目更新），实现两个"贯通"（体系上的逻辑贯通、学科上的融合贯通），形成了以"实训为基础，调研为辅助，实习为延伸"的多层次、多模块、体系化的教学体系。该体系的特点是：四个教学层级（实训、调研、实习、论文）递进拓展，四个实训教学模块（基础实训、专业实训、综合实训、创新实训）交替深化，四类课程设置重点并行突破，两种课程类型（单元型、综合型）互相补充，两种教学资源（校内校外）有机结合。

青岛大学在设计实训教学体系时，以学生的创新能力和实践能力培养为核心，牢牢把握三个"贯通"，形成"以实验为基础，以实训为重点，以实习为延伸，以毕业设计和创新实践活动提升能力"的多层次、模块化、开放型、全过程的文科实训教学体系。通过四个实训环节的贯通，达到培养学生实践能力与创新能力的目标。

浙江师范大学以培养"厚素养、精技能、强能力、善创新"的高素质文科人才为目标，构建了文科人才"素养能力一体化"的实验教学体系，即"433体系"。"4"即综合素养、基本技能、专业技能和创新创业四大实验实践教学平台，两个"3"分别是文科学生的人文素养、科学素养、艺术素养三大素养和基本技能、专业技能、创新能力三大能力。

各高校不管专业群的构成状况如何，均打破了传统的各专业自行建设的思路，用集群的思想，在硬件方面建设统一共享的实验平台，在软件方面建立统一的实验教学体系，加强了各专业，尤其是在实践层面的融合。

第三章

文科专业群综合实践教学模式
构建的理论基础

文科专业群综合实践教学模式的构建具有三方面的理论基础支撑。无界化理论提倡将优质资源整合起来，共同致力于跨学科、多专业项目的开发，为解决我国专业群建设划界问题提供了一个良好的思路。将"协同创新"理念引入高校专业群建设，有助于打破高校各专业自我封闭、互相隔离的问题，但需要建立一个协同创新的平台，组建一支协同创新的教师团队，推进"协同式"人才培养。集群理论认为产业集群有利于提高规模效应和竞争力，为了满足区域产业集群的人才需求，必然需要创建一种能够与之有效对接的学科专业群。

一、无界化理论

（一）无界化理论概述

"无界化理念认为，现实中的问题是不分界限的，无法看到工程之间的界限或学科专业之间的界限，而学科、专业之间的教条划分和樊篱割据毫无意义并阻碍创新。"[①]"所谓无界化，就是打破学系之间、专业之间、课程之间的界限，实现彼此协调融合，相互合作，共享资源。"[②]无界化理念的核心是团队协调合作，资源充分共享，从而使不同学系间的教职员与学生通过联合工程项目及学系间教学活动进行交流，使得教学资源获得充分的利用，进而强化师生们的专业能力，为师生提供更多综合科技创新与应用的机会，增强学院的灵活度与反应能力。

无界化理念最早是由新加坡南洋理工学院提出的。该学院认为许多研发项目通常需要由不同专业背景的师生参与，在跨学科与多元科技的互相配合下才能展开。这就要求项目开发向跨部际、多元技能的系统项目和跨系际、多元学科的综合项目迈进，需要将优质资源整合起来，共同研究，联合攻关，形成最佳合力，即致力于无界化的合作。比如，设计机器人等创意产品，需要计算机人员编程序、无线电专业

[①]　肖冰，韩秋莹. "无界化"理念与高职院校专业群建设［J］. 教育评论，2009（3）：28-30.

[②]　樊佳. 基于无界化职教理念的研究［J］. 山东工业技术，2013（5）：145-146.

设计线路、电械专业制造模型、生物工程专业提供生物工程知识、人力部门进行市场开发等。

无界化理念在南洋理工学院主要体现在以下四个方面①:(1)建筑无界化。学院教学楼群建设成为一个科技园的形式,用来开展多元化科技教学和项目开发,学校所有以科技为主的教学活动都集中在这里进行。科技园内设有信息科技走廊和工程走廊,这两条平行的走廊地带,方便了不同学系专业的师生对课程资源的集中使用与分享,使得各个学院能更有效地配合企业及科技的发展需求。(2)项目无界化。学院接洽的很多项目都是由多个部门的教师组成无界化团队,共同完成,配合非常默契,无须专门部门来协调。(3)教学无界化。学院各个院系,一年级都安排共同的基础课程,到了二、三年级时,同一专业学生将被分为几批,第一批学生在上学期学习专业基础课,第二批学生则直接进入"教学工厂"。到了下学期再进行轮换。这种轮换式的教学模式使校内"教学工厂"和校外实习企业始终都有学生,保证了学习与合作的连续性。(4)语言的无界化。新加坡是一个多元化的国家,南洋理工学院的学生来自五湖四海,教师上课时会根据学生的情况来选择一种便于学生接受的语种进行讲授和交流。

(二)无界化理论在文科专业群建设中的应用

无界化是一个重要的创新理念,能将优质资源整合起来,共同致力于跨系科、多元技能的项目开发。无界化为解决我国专业群建设划界问题提供了一个良好的思路,即以开放的思想构建专业群。专业群

---

① 樊佳. 基于无界化职教理念的研究 [J]. 山东工业技术,2013(5):145-146.

的构成不是固定不变的，而是随着不同项目有不同的形式，龙头专业也会随着项目的变化而变化。组成专业群不一定要对学系进行重新划分，但院校的组织结构可以朝有利于进行项目开发的方向进行改革。行政管理部门的宽职能、院系内部依据核心技术将专业教师划分为小组的管理形式值得参考。① 无界化理念应用到地方本科高校文科专业群综合实践教学模式中，可以实现实验室建设无界化、课程教学无界化和项目无界化。

1. 实验室建设无界化

实验室是培养学生实践创新能力的重要场所。之前，学校各专业的实验室都是单独建设、自行管理、界限分明，不仅造成实验室重复建设、实验资源无法共享等问题，而且造成场地、资金的浪费，管理成本的增加。为了加快实验教学改革和实验室建设，促进优质资源整合和共享，提升办学水平和教育质量，教育部从2005年开始评审和建设国家级实验教学示范中心。实验教学示范中心的建设，实际上也体现了"无界化"的理念。因为要求"整合分散建设、分散管理的实验室和实验教学资源，建设面向多学科、多专业的实验教学中心。理顺实验教学中心的管理体制，实行中心主任负责制，统筹安排、调配、使用实验教学资源和相关教育资源，实现优质资源共享"。2009年教育部评审出11个国家级文科综合类实验教学示范中心建设单位，与其他类型的实验教学示范中心相比，该类实验教学示范中心充分地体现了"无界化"理念。其他类实验教学示范中心基本只涉及某一学科大类，如物理类、化学类、法学类、传媒类等，而文科综合实验教学中

---

① 肖冰，韩秋莹."无界化"理念与高职院校专业群建设［J］.教育评论，2009（3）：28-30.

心则涵盖了理、工、农、医之外的所有学科，有的高校甚至把理科专业也纳入其中，形成了文理交融状态。[①] 无界化的文科综合实验教学中心的建设为文科专业群综合实践教学改革提供了重要的环境保障。

2. 课程教学无界化

课程教学的无界化是文科专业群改革的核心。学校开发了各文科专业和部分理科专业都需要掌握的基本平台实验技能课程，如社会调查方法与应用、信息化办公实务、信息资源检索与利用等。各专业学生通过学习这些课程，尤其是不同专业学生在一起学习课程，不仅可以掌握通用的技能，而且可以促进学生之间的沟通交流。更为重要的是，学校进一步开发了跨专业综合实践课程，即多个专业围绕一个项目共同开展实践教学活动。这种实践课程与传统的实践课程相比，有两个特点：一是跨专业，必须由多个不同专业有机组合在一起来共同开展实践活动。这些不同专业可以是同一学科门类，也可以是不同学科门类。不同专业的学生从各自专业的角度来参与项目，完成任务。培养了不同学科专业学生发挥各自专业应用能力来共同解决实际问题的能力，以及不同专业学生之间团结协作的能力。二是综合，课程所依托的项目是综合的，包含多个任务，能吸收不同专业来参与。如果这个项目只需要一个专业的知识技能就能完成，其他专业的学生参与进来，也是完成这个专业的任务，就不能算是综合项目。如"北京旅游景点双语标志牌实践项目"，吸收了英语、历史和法学三个专业的学生来参与。但三个专业的学生都是完成同样的任务，即找出北京旅游景点双语标志牌中英语表述方面的错误，这个任务和英语专业相

---

① 朱科蓉，韩建业. 文科综合类实验教学示范中心的运行模式研究 [J]. 实验技术与管理，2011（9）：15—17.

关，但和历史学、法学的专业知识技能没有任何关系。因此，依托这种项目开展的实践课程，就不能算是跨专业的综合实践课程。课程教学的无界化，促进了不同专业的学生之间和不同专业的教师之间的融合。

3. 项目无界化

无界化的实质就是以项目为纽带，通过对教学资源的充分利用，促进院系间的项目合作和教学交流，强化院系之间的团队精神，提升师生的专业能力和学院的反应能力，以实现创新的理念。项目的无界化体现在两个方面：一是教师科研项目团队合作的无界化。将不同专业教师组成团队，形成品牌效应和团队优势，共同承接和完成重大科研项目。如学校近期整合历史学、档案学、新闻学、资源环境与城乡规划等学科专业教师，成功申报了北京市教育委员会市属高校创新能力提升计划项目《"三山五园"历史文化元素的谱系构建和可视化再现》。二是学生创新项目团队合作无界化。不同专业学生围绕一个真实的项目，自行组成团队，自主设计、自主完成和自主管理，这种无界化的团队合作项目极大提高了学生的自主创新能力和团结协作能力。

当然，无界化并非不设立学系或专业，恰恰相反，无界化承认和尊重各个专业领域。对于项目开发或是解决难题的过程来说，凡涉及的知识都是被尊重的，无界化的前提是科学合理的"有界"。就组成文科专业群的各专业来说，各专业自身基本形成了从基础到专业再到综合的系统性、模块化、递进式纵向实践教学体系，这个纵向实践教学体系是独立的，与其他专业不相干的。但为了将学科专业群与产业集群对接，同时也为了培养不同学科专业学生共同解决真实问题的能力，各学科专业之间打破了各自的界限，探索联合进行的综合实践教学体系。实验室建设也如此，首先要满足各专业的人才培养需求，但又不局限于各专业自身使用，实验空间和实验资源要共融共享。

二、协同创新理论

（一）协同创新理论概述

协同理论是20世纪70年代德国物理学家赫尔曼·哈肯创立的。协同理论强调协同效应，特指复杂系统内各子系统之间的互动产生超出各要素单独作用的效果，从而形成整个系统的联合行为。"从协同一词的本意来看，它既可指一个组织内部各要素的协调一致，各要素互相配合，实现组织目标，也可指各组织之间各参与主体为了更宏大的目标而互相配合，全力协助。"① 所以，协同是一个系统科学的概念。而创新则是一个经济学的概念。创新理论由经济学家熊彼特最早提出。该理论认为创新是组合生产要素开发新技术、新产品、新工艺，开拓新市场，并获取经济效益的过程。技术创新成功的标志是技术发明的首次商业化。由此可知，创新并不是指发明、研发本身，而是通过新技术、新产品和新工艺的开发，占领新市场，并且通过以上过程获取可观的经济效益。

把一个系统科学的概念与一个经济学的概念组合在一起的协同创

---

① 汤其成，周继良. 大学协同创新：制约因素与改进思路 [J]. 煤炭高等教育，2012（5）：2.

新，具体又指什么呢？关于协同创新（Collaborative Innovation），有一种说法是美国麻省理工学院斯隆中心（MIT Sloan's Center for Collective Intelligence）的研究员彼得·葛洛（Peter Gloor）给出的定义，即"由自我激励的人员所组成的网络小组形成集体愿景，借助网络交流思路、信息及工作状况，合作实现共同的目标"[①]。从国内外的研究与实践来看，协同创新分为企业内部和外部两个不同的层面。企业内部的协同创新多为企业内部形成的知识（思想、专业技能、技术）分享机制，特点是参与者拥有共同目标、内在动力、直接沟通，依靠现代信息技术构建资源平台，进行多方位交流、多样化协作；企业外部的协同创新是指企业、大学、科研院所（研究机构）三个基本主体投入各自的优势资源和能力，在政府、科技服务中介机构、金融机构等相关主体的协同支持下，共同进行技术开发的协同创新活动。

综观国内外协同创新的经验，较为成功的有美国扁平化、自治型的硅谷产学研"联合创新网络"，致力于生物技术协同创新的北卡罗来纳州三角科技园；日韩的"技术研究组合"和官产学研结合模式；芬兰、爱尔兰和瑞典等国协同创新网络及联盟等。[②] 欧盟在2007—2013年推动的关于协同创新的一项重要举措是，在一个特定产业和区域中，设立由创新实验室、企业、研究机构和大学共同参与的"创新集群"（Innovation Cluster）。再如我国北京的"中关村协同创新计划"，以产业链为基础，打造高新技术产业集群的企业标准联盟、技术联盟和产业联盟，引导和支持各类主体的协同创新活动，引导和支持产业链骨干企业开展竞争前的战略性关键技术和重大装备的研究开

---

① Collaborative Innovation Network［EB/OL］. http：//en. wikipedia. rg/wiki/Collaborative_innovation_network.

② 刘悦伦，沈奎. 协同创新已成为当今世界潮流［N］. 南方日报，2009−02−25.

发，呈现出政府引导调控下外部需求驱动、参与各方内在利益驱动两大运作模式。

2012年，在全面提高高等教育质量工作会上，教育部、财政部联合颁发了《关于实施高等学校创新能力提升计划的意见》（该计划简称"2011计划"），明确提出要积极推动协同创新，探索建立校校协同、校所协同、校企（行）协同、校地（区域）协同、国际合作协同等新模式。"2011计划"是从科技创新的角度提出的，是针对当前我国高校传统封闭的、孤立的创新模式而提出的科技体制改革举措，旨在突破高校内外部机制体制壁垒，释放人才、资源等创新要素活力。[①] 在此计划推动下，很多高校与科研机构、企业开展深度合作，建立协同创新战略联盟。2013年4月11日，由北京大学、清华大学、南京大学、中国科学技术大学、哈尔滨工业大学、北京航空航天大学等校牵头的首批14家国家协同创新中心通过"2011计划"认定。"2011协同创新中心"分为面向科学前沿、面向文化传承创新、面向行业产业和面向区域发展四种类型。

（1）面向科学前沿的协同创新中心，以自然科学为主体，以世界一流为目标，通过高校与高校、科研院所以及国际知名学术机构的强强联合，成为代表我国本领域科学研究和人才培养水平与能力的学术高地。

（2）面向文化传承创新的协同创新中心，以哲学社会科学为主体，通过高校与高校、科研院所、政府部门、行业产业以及国际学术机构的强强联合，成为提升国家文化软实力、增强中华文化国际影响力的主力阵营。

---

① 蒋雄."2011协同创新中心"认定结果公布［N］.中国纺织报，2013-04-23（3）.

（3）面向行业产业的协同创新中心，以工程技术学科为主体，以培育战略新兴产业和改造传统产业为重点，通过高校与高校、科研院所，特别是与大型骨干企业的强强联合，成为支撑我国行业产业发展的核心共性技术研发和转移的重要基地。

（4）面向区域发展的协同创新中心，以地方政府为主导，以切实服务区域经济和社会发展为重点，通过推动省内外高校与当地支柱产业中重点企业或产业化基地的深度融合，成为促进区域创新发展的引领阵地。

（二）协同创新理论在文科专业群建设中的应用

目前，大学内部学科专业之间的分割程度非常严重，学科的交叉融合以及跨学科合作研究难以推动，各学院之间鲜有自愿协作进行的学科建设、专业建设、教学成果建设以及科研合作的。每个学院都只关心自己的利益，教学上只关心自己所授的课程，研究上局限在自己狭隘的专业领域。每个人都只懂得自己关心和研究的领域，而且分工和分化越来越细。同样，大学各学院建立的实验室资源也是各自运营和管理，无法实现共享。这种大学内部的条块分割，使得学科交叉难以实现，人才培养互相割裂。① 因此，高校协同创新，应首先体现在高校内部各学科专业之间的协同创新。将"协同创新"理念引入高校专业群建设，有助于打破高校各专业自我封闭、互相隔离的问题，但需要建立一个协同创新的平台，组建一支协同创新的教师团队，推进

---

① 汤其成，周继良. 大学协同创新：制约因素与改进思路［J］. 煤炭高等教育，2012（5）：2.

"协同式"人才培养，打造利益共享机制。

1. 建立协同创新平台

由于长期以来高校各专业建设都是互相独立的，都有自己独立的人才培养方案、科学研究方向、课程体系和教材等，专业之间的交流与合作较少，要使各专业以集群的方式来加强交流合作与协同创新，必须要有一个平台，通过这个平台把各专业凝聚起来。这个平台可以是跨专业的研究中心或研究院，也可以是跨专业的教学中心。如北京联合大学成立的"三山五园研究院"，就是以三山五园历史文化研究为核心，以课题立项的形式，组织历史学、地理信息系统、新闻学、档案学等多个专业共同开展工作，协同开展研究。再如"应用文科综合实验教学中心"，这个中心不仅把各专业实验室资源进行了整合，实现了实验资源的统一建设、统一管理、统一使用，而且通过开设课程、开展项目研究、开展人才培养模式改革等途径，将各专业凝聚起来。如"北京地域文化"这门课，就集合了历史学、人文地理与城乡规划管理、汉语言文学等多个专业10多位教师来共同建设。"人文北京建设综合实践课程"更是集合了10多个专业的几十位教师。这些教师虽然隶属于不同的专业，但通过这些协同创新平台，又很好地聚集在一起，形成集群力量。

2. 组建协同创新教师团队

伯顿·克拉克（Burton R. Clark）曾说："如果让学术工作者在学科和单位两者之间进行选择，他或她一般都选择离开单位而不是学科。一个人离开他的专业领域要比离开他所在的大学或学院代价高得多，因为一个人的高等教育层次越高，其专业在决定任务时的重要越明显。"① 根据大学专业教师的特点，在组建协同创新教师团队时，主要以任务或项目为载体来调动教师参与的积极性，而不是采取"拉郎配"的方式，把教师生硬地凑在一起。由于有了具体的项目或任务，不同专业教师可从自身专业角度来参与项目的完成，通过发挥专业优势，来取得专业成果，对团队和对自身来说都是有利的。这种团队是"跨边界、无边界的柔性组织"，方便灵活，可分可合，成员之间是松散连接的，但在执行项目任务时，又必须是高度协同和配合，效率高，成本低。这些任务或项目可以是科研的，也可以是教学的。如以三山五园历史文化研究项目为载体组建研究团队，共同开展研究工作。再如围绕"人文北京建设综合实践课程"，以教学任务为载体组建教学团队，不同专业教师共同来指导学生实践。

3. 推进"协同式"人才培养

专业建设归根结底要落实到人才培养上。从人才培养目标的设定、人才培养方案的设计，到课程体系的建设、实验室的建设等，都需要专业之间相互沟通与协调，既保持各专业的独特性与特色，又加强专业之间的交流与协作。尤其是真实社会问题的解决往往需要跨学科、多专业的协同，人才需求也希望具备复合能力。这就要求高校在人才培养过程中，不仅要让学生掌握多学科的理论知识，而且要让不同学科专业的学生共同参与到实践中，在实践中既提高学生各自的专业应用能力，又培养学生从不同的专业视角来看待问题和解决问题的能力，提升协作能力和团队合作，为学生就业后迅速融入真实的工作环境奠定基础。因此，在人才培养中，各专业应加强沟通，绝不能故步自封。

① 伯顿·克拉克. 高等教育系统：学术组织的跨国研究［M］. 王承绪译. 杭州：杭州大学出版社，1994：35.

　　4. 打造利益共享机制

　　要实现真正协同，必须协调好创新链条上的各方利益，探索建立合理的绩效评价机制，让参与协同合作的各方都能获利。形成稳定的协同创新机制，其根本在于利益的协调。"在初期阶段，由于协同各方彼此信任程度不高、协同创新前景不明朗，参与协同创新的各方比较关注眼前的实际利益，在此阶段以现金和物质形式出现的利益分配形式更能为人所接受。但在高级阶段，随着团队中信任程度的增加和产业的扩张，就必须探索一种更好的利益分配方式，让每一位成员都真正把协同创新当作自己的事业而关注其长远发展。"[1] 因此，北京联合大学在专业群建设过程中，初期阶段主要以课程建设经费和课题研究经费的形式，鼓励不同专业教师之间的协同合作，使每个参与者都能受益。通过初期的协同合作，各专业逐渐意识到，协同是一件互利双赢的事情，不仅对别的专业有益，而且对于本专业的建设和人才培养也有益，这样才能使这种合作模式相对稳定地持续下去。

三、集群理论

（一）集群理论概述

　　集群理论是20世纪20年代出现的一种西方经济理论，是在20世纪

---

① 李忠云，邓秀新. 高校协同创新的困境、路径及政策建议 [J]. 中国高等教育，2011（17）：12.

90年代由美国哈佛商学院的竞争战略和国际竞争领域研究权威学者麦克尔·波特创立的。其含义是：在一个特定区域的一个特别领域，集聚着一组相互关联的公司、供应商、关联产业和专门化的制度和协会，通过这种区域集聚形成有效的市场竞争，构建出专业化生产要素优化集聚洼地，使企业共享区域公共设施、市场环境和外部经济，降低信息交流和物流成本，形成区域集聚效应、规模效应、外部效应和区域竞争力。从产业角度看，为了提高规模效应和竞争力，相关产业聚集形成了产业集群。

　　产业集群现象已成为地区乃至国家经济发展中人们日益关注的热点问题，成为众多地区特色经济的代名词。在浙江省，典型的集群有温州的低压电器集群、鞋业集群，嵊州的领带业集群，大唐的袜业集群，绍兴的轻纺业集群，宁波的服务业集群等。在高科技行业，自硅谷模式成功之后，通过企业集聚发展高科技产业更是已经成为一股风潮，各种类型的科技园区如雨后春笋般兴起。①

　　为什么会形成产业集群？集群论者对此的基本回答是：市场需求结构变化引起企业组织模式的转变，因而是一个市场选择的自发过程。那么，是什么因素吸引了企业的空间集聚呢？不同学者的观点不尽相同。金祥荣等强调产业特定性要素（产业特定性知识、技术工匠和特质劳动力、产业氛围）在特定地理区域内的集聚引发了浙江专业化产业区的兴起与演化；罗若愚强调制度变迁对集群形成的影响；Oerlemans等认为特别的机制、创新活动的复杂性对创新企业的组织根植性和网络活动是必要的。当然，更为流行的观点是某种综合论，他

---

① 吴结兵，蔡宁. 产业集群理论述评：从三个角度看集群理论的融合与发展［J］. 重庆大学学报：社会科学版，2007（6）：16.

们认为，除了可能的初始偶然因素之外，在特定产业，集群形成的经济驱动力包括：接近市场、专业劳动力供给、投入品和设备供应者的存在、专业化自然资源的可获得性、生产的规模经济、基础设施的可获得性、低交易成本等。①

产业集群具备以下几个主要特征：一是它是产业经济发展相对成熟阶段的产物。产业集群是产业质量较高、竞争力较强的标志，也是区域产业高质量发展的结果，一般是在产业经济发展相对成熟阶段才会形成有规模、有影响的产业集群。二是能推动创新。区域空间内的大部分企业围绕同一产业或若干紧密相关产业，形成要素的高效优势结合，推动产业快速创新，创新成为产业集群发展进程中的核心特征。三是以竞争为基础的动力机制。产业集群内以主题产品为核心建立紧密联系，甚至互相依赖的完整产业链，同时建立起相同领域以竞争为基础的生产要素优势组合动力机制。四是产品与服务的整体成本优势。集群成员可利用空间优势、资源集中优势，建立起直接、低成本供应链，实现采购本地化、资源效率最大化、成本最低化、供给稳定化，建立起高水平优势互补机制，集合形成整个集群产品与服务的成本优势。五是较强的产业竞争力。中国企业总数的99％是中小企业，各地的企业集群多数以中小企业为主，规模不大，但是整个集群却会以显著的专业优势、规模优势、效率和效益优势，实现极高的专业市场占有率。②

集群作为一种区别于纯市场和企业的空间组织模式，适应了区域经济发展的某种需要，有其自身独特的竞争优势。如能更好或更便宜

---

① 谢贞发. 产业集群理论研究述评［J］. 经济评论，2005（5）：120.
② 刘家枢，高红梅，赵昕. 适应区域产业集群要求的高职专业集群发展对策思考［J］. 现代教育管理，2011（4）：39.

地获得一些专业化投入（如土地、原材料、机器设备、商业服务），更便宜地获得有利的公共产品，参与者活动之间的互补性增强生产率，资源的结构性整合能力，降低了新企业进入门槛，更高的新企业产生率，更高创新能力，更高的新技术获得性、更快劳动力流动和交流、有利的社会资本，高就业增长率等。①

（二）集群理论在文科专业群建设中的应用

为了满足区域产业集群的人才需求，必然需要创建一种能够与之有效对接的学科专业群。专业群是指对有共同的行业背景、共同的资源优势、共同的知识基础的一类专业，根据发展、改革与建设的需要，为达到特定目标进行组建的一组专业。高校开展专业群建设，有以下几点意义：

1. 有利于形成学校办学特色

一个学校的办学特色主要是通过专业来显现。专业群建设中，每个专业群的背景和条件不同，服务面向不同，教学团队建设、专业培养模式、教学内容方式等不尽相同，每个专业群中都要围绕特定的区域、行业或面向来开展建设，形成专业群的建设特色。若干个专业群的建设特色的集合，就会形成一个学校的办学特色。

2. 有利于提高学校办学效益

学校建设和发展往往面临投入不足的问题，提高办学效益有重要意义。由于专业群具有相似的背景和需求，围绕专业群加强专业建设可以一定程度上避免投入不足或重复投入的矛盾，能够大幅度提高实

---

① 谢贞发. 产业集群理论研究述评 [J]. 经济评论，2005（5）：120.

验场所、实验设备等教学资源的利用效率。师资队伍建设、课程建设、基地建设等各个方面的投入易见成效。

3. 有利于提高人才培养质量

专业群内学生可以享有共同的培养模式、师资队伍、基地平台、课程平台等优质教育资源，专业群内学生容易获得共同的专业基础知识和不同的专业核心技能训练，能够增强学生的职业适应能力，提高学生的职业迁移能力，使人才培养更加适应行业和经济发展需要，有利于人才培养质量的提高。

高校该如何开展专业群建设呢？

1. 学校应围绕产业集群构建专业群

专业群的布局和调整应以服务产业为目标，通过对产业集群人才需要状况的结构分析，构建与产业发展要求相一致的专业群。如文化遗产保护与利用这个产业，涉及文化遗产的挖掘、保护、传承、利用、宣传、政策制定等工作，高校可围绕这个产业链，将历史学、人文地理与城乡规划、法学、新闻学、广告学、档案学等专业组建成专业群，培养文化遗产保护与利用产业链需要的人才，并围绕这个产业链开展相关的项目开发与研究工作。专业群的构建不是一成不变的。当产业集群发生变化时，专业群的构成专业也可能发生变化，即使构成专业没有发生变化，但专业群的建设内涵也可能发生变化。如围绕文化创意产业来构建专业群，无论是人才培养，还是项目开发与研究，都应该围绕文化创意产业来进行。

2. 建立专业共同发展机制

高校在开展专业群建设过程中容易走向一个误区，即把某个或某几个专业视为核心专业，其他专业视为补充或边缘专业。按照这种发展思路，会使强者更强，弱者更弱，从而影响各专业的协调发展。尤其是在专业群中处于弱势地位的专业，其参与专业群建设的积极性会受到严重影响。其实在专业群中，各专业只有分工不同，没有轻重之别，而且各专业之间是相互补充与合作的关系，要形成拳头与合力。所以，应建立专业共同发展机制，让每个专业都能从专业群的建设中受益，比各专业独自发展获得更多的利益。

3. 建立资源共享机制

以集群的思路来开展专业建设，就意味着各专业之间要形成高度的共享机制。不仅是包括校内实验资源和校外实践资源的共享，而且包括课程建设、教材建设、队伍建设、项目研究等方面的共享。

第四章

文科专业群综合实践教学课程
体系与教材建设

文科专业综合实践教学，需要依托相应的实践教学课程体系来进行落实。其完整的课程体系由单一专业内部纵向综合实践课程和多个专业集成的横向综合实践课程共同构成。同时，需要开发建设与文科专业群实践课程相配套的系列实验教材。

一、文科专业群综合实践教学课程体系建设

文科综合实践教学，既包括单一专业内部的综合实践教学，也包括多个文科专业之间联合进行的综合实践教学。前者有利于系统培养学生专业理论联系实际的能力；后者则是打破人文社科类专业传统实践教学活动彼此隔离的状态，文科多专业跨专业甚至跨学科综合集成实践教学的系统化实践教学活动，更加有利于培养文科学生的综合实践能力。

（一）单专业纵向综合实践课程和多专业横向综合实践课程的设计

1. 单专业系统性、模块化、递进式纵向综合实践课程

文科专业可以借鉴"大学英语"课程统一建设、分学期实施的教学模式，从一年级到四年级每学年或每学期都安排集中实践教学环节，将其作为一门统一的实践教学课程来建设。基于"以应用能力与素质培养为主线，模块化任务为教学单元，四年递进式分步实施"的系统化集成式课程设计思想和理念，将原来分散在单科课程中的实习实践按照能力培养要求系统集成，设计成模块化的实践教学课程，由相互关联、环环相扣、逐步升级的多个模块构成，将四年当中专业基础课和专业课的学习分阶段实现理论与实践相结合，这样可以使素质和能力要求层层递进，主线清晰连贯，以利于培养学生的专业综合素质和核心应用能力。例如，北京联合大学的国家级特色专业建设点"资源

环境与城乡规划管理专业"最早于10年前提出这样的专业纵向综合实践教学课程建设思想，并进行了具体实施，取得良好效果。①校内的档案学、历史学、新闻学、法学、英语等文科专业受到启发，纷纷学习借鉴，先后在2007版和2011版培养方案实践教学课程体系中设计了这样的纵向综合实践课程。

河北大学设计了四个层次实验课程体系，其中第三个层次是根据学科培养方案设置的综合实验层次，该层次根据实验特点分为专业综合实验模块和学科综合实验模块。其中，专业综合实验模块覆盖了实际业务的主要流程，将原本分散的知识点串成一个整体，强调知识点之间的联系，这些知识点来自该专业的多门主干课程。通过专业综合模块的训练，可以整体地、系统地理解知识，加深对理论的体验，使学生真正掌握知识的精髓，从而提高学生的实践能力和综合设计能力。

2. 多专业交叉性集成化、互动式横向综合实践课程

北京联合大学应用文科综合实验教学中心，以"人文综合、文理交融，学以致用、实践育人"为教学理念，强调实践能力的培养要打破专业之间的传统樊篱，引导文科专业之间以及文理专业之间走向综合、交叉互动、集成融合；强调实践能力的培养要围绕区域建设中的真实问题，以应用为本，以能力培养为核心，培养综合素质高、应用能力强、具有创新精神的人文社科类复合型应用型人才。经过不断研究、探索和实践，北京联合大学建设了一种集成性的横向综合实践课程，即多个专业学生同时参与一个实践教学项目，或者多个实验室协作完成一个实验项目，以培养学生的跨专业甚至跨学科沟通能力、协

---

① 张宝秀，张景秋. 应用理科、应用文科人才培养目标及其实现路径 [J]. 中国高教研究，2008（50）：51–53.

作精神和创新意识。这类横向综合实践课程的实施，有利于文科学生跨专业知识和能力的融通、团队精神与协作能力的培养以及综合实践能力和人文素养的提升。①河北大学跨专业综合实验模块是从更宏观、更综合的角度模拟实际业务，学生需要掌握和运用多个相关学科的知识。通过该模块的实验，可以更系统深入地理解和掌握理论知识，用学到的理论知识综合分析实际工作，借此提高分析问题和解决问题的能力，增强创新型能力。

这种跨专业横向综合实践课程与单专业纵向综合实践课程相比，有两个特点：

一是跨专业。跨专业是指这种课程必须由多个不同专业有机组合在一起来共同开展实践活动。这些不同专业可以是同一学科门类，也可以是不同学科门类。不同专业的学生从各自专业的角度来参与项目，完成任务。单一专业内部纵向综合实践课程主要目标在于培养本专业的综合实践能力，而跨专业综合实践课程则主要培养不同学科专业学生发挥各自专业应用能力来共同解决实际问题的能力，以及不同专业学生之间团结协作的能力。

二是综合。综合主要体现在这种课程所依托的项目载体上。也就是说项目本身是综合的，包含多个任务，能吸收不同专业来参与。如"胜芳历史文化资源旅游开发"这个项目，包含了历史文化资源挖掘、旅游景点规划设计、营销策划、宣传报道等工作任务，分别需要历史学、资源环境与城乡规划管理、广告学和新闻学专业的学生来完成。如果这个项目只需要一个专业的知识技能就能完成，其他专业的学生

---

① 杨积堂，张宝秀. 文科跨专业综合集成实验教学模式创新与探索：以北京联合大学应用文科综合实验教学中心为例［J］. 实验技术与管理，2011，28（9）：4-6.

参与进来，也是完成这个专业的任务，就不能算是综合项目。如"北京旅游景点双语标志牌实践项目"，吸收了英语、历史和法学三个专业的学生来参与。但三个专业的学生都是完成同样的任务，即找出北京旅游景点双语标志牌中英语表述方面的错误，这个任务和英语专业相关，但和历史学、法学的专业知识技能没有任何关系。因此，依托这种项目开展的实践课程，就不能算是跨专业的综合实践课程。

（二）多专业交叉性、集成化、互动式横向综合实践课程的落实

跨专业横向综合实践课程是一种新的课程组织形式，更是一种新的教学理念。它是对传统的单专业实践课程的创新与扩展，对打破高校内部各学科专业之间的隔离，促进各学科专业交叉融合具有重要意义，是培养不同学科专业学生发挥各自专业应用能力来共同解决实际问题能力的重要途径。作为一种新形式，还需要进一步探索与完善。横向综合实践课程目前在北京联合大学主要是在部分文科和理科专业中实施，课程名称为"人文北京建设综合实践课程"，该课程安排在第四学期的暑期集中实践周，为三周三学分，主要依托跨专业综合实践项目来实施。

1. 实施流程

（1）项目申报。教学管理部门在第四学期初发布通知，要求各专业教师申报跨专业综合实践项目。项目必须来源于人文北京建设中的真实社会问题，而不是模拟的或虚拟的。当前国内很多经管类院校也实施了跨专业仿真综合实习[①]，但这种实践是建立在教学软件基础上的

---

① 郭嘉仪. 经管类跨专业综合实验教学管理机制的探索［J］. 实验室研究与探索，2011（8）：387-389.

仿真实践，学生无法接触到真实的社会问题。同时申报的项目必须是跨专业的，必须由两个及以上专业共同完成。教学管理部门对申报项目汇总后，要进行审核，只有符合要求的项目才能同意实施。

（2）拟定方案。项目审核通过后，指导教师要进一步提出具体实施方案。包括项目任务有哪几项，每项任务需要什么专业学生参与，需要多少学生参与，项目开展的具体时间和地点安排，项目考核评价方式，项目最终成果，以及其他具体要求等。项目实施方案审核通过后，由教学管理部门在网上公布。

（3）充分动员。各专业教师要动员相应年级学生积极参与跨专业综合实践课程。由于这种课程组织形式超跃了专业的界限，学生需要与其他专业学生共同参与项目、完成任务，学生往往因为陌生而不愿意参与。教师要将该课程的意义进行充分的解释，让学生意识到参与跨专业综合实践课程，不仅能够发挥自身的专业优势，而且能够了解其他专业的相关技能，更能提高团队协作能力、沟通交往能力和解决实际问题的能力。

（4）分组实施。符合要求和有兴趣的学生选择项目后，项目指导教师根据学生报名情况，对学生进行选拔，筛选合格后的学生根据项目任务需要组成团队。课程指导教师在项目实施前要对学生进行全面培训和指导，明确课程的意义、任务分工、实施过程、评价要求等事项。在实施过程当中，学生要定期汇报项目进展情况，教师要针对项目实施过程中的具体问题进行有针对性的指导。

（5）考核评价。课程结束后，各小组要提交实践报告和项目成果。教师要根据学生的个人表现、小组表现、项目完成情况、项目成果等多方面进行综合评价，给定最终成绩。考核评价方式需要在实施方案中明确列出，而且在实施前明确告知学生，这样才能更好地引导学生。

2. 实施保障

（1）建立项目库。项目是跨专业综合实践课程实施的关键载体。只有项目设计好了，跨专业综合实践课程的目标才能实现。从目前实施情况来看，项目最大的问题就是缺乏综合性。不同专业教师在设计项目时，更多的是考虑本专业的需求，而没有考虑到其他专业学生如何参与进来。而且，项目必须来源于真实的社会问题。只有让学生参与解决真实的社会问题，而不是一些虚拟的问题，才能真正提高学生的实践能力。另一个问题就是能够开发出一批适合每年反复实施的项目。如"家庭档案建设进社区"这个项目，就可以每年选择不同的社区来开展。长期下来，还能对北京社区的家庭档案建设进行有效的、全面的指导。只有建立项目库，有一批稳定的跨专业综合实践项目，才能每年吸纳一定数量的学生参与，并不断改进项目的实施过程和效果。当然，强调项目的稳定性和规模的同时，每年也应该针对一些新问题，开发一些新项目，保持项目库的稳定性与灵活性。

（2）激励教师的积极性。跨专业综合实践课程是一种新的教学模式，从项目设计、团队组建，到项目实施和考核评价，都不同于传统的实践课程，需要教师打破原有工作习惯，不断探索和创新。而且在项目实施过程中，不仅不同专业的学生需要团队协作，不同专业的教师之间也需要协作。虽然每个项目都有主要的指导教师，但对参与该项目的其他专业学生，则需要其本专业的教师协助指导。因此，能否调动各学科专业教师的积极性，组建一支热心改革、认真负责的教师团队，对跨专业综合实践课程的顺利实施至关重要。目前北京联合大学主要从两个方面来激励教师的积极性，一是给予项目建设经费，凡是进入项目库的，都给予相应的建设经费；二是在工作量上给予优惠计算，要高于单专业自身的实践课程。

（3）开发项目管理系统。目前，由于该课程在北京联合大学为首轮试点实施，参与的学生规模不是很大，学生对项目的选择，以及教师对学生的选择，主要靠手工操作。但如果参与学生规模较大，则有必要开发一套项目管理系统。该系统应具有以下功能：① 项目申报功能，各专业教师通过系统申报项目选题。② 项目审核功能，教学管理部门对选题进行审核。③ 项目发布功能，筛选合格的项目方案通过系统统一发布。④ 项目选择功能，学生通过系统选择项目，但要防止学生随意选择，每个项目需要什么专业的学生，都应该提前设定好。⑤ 学生选拔功能，当报名的学生超过项目人数要求时，教师要通过系统对学生进行选拔。⑥ 成果展示功能，项目完成后，每个小组的实践报告和项目成果通过系统进行展示。

二、文科专业群综合实践教学教材建设

教育行政部门和各高校在加强文科实验室等硬件条件和环境建设的同时，也进一步加强文科实验课程和实验教材等软件资源的建设。实验教材作为实验教学体系的重要组成部分，是实验教学内容的载休，是学生实验的指挥棒，是教师进行实验教学的主要依据。实验教材是搞好实验教学的基础，没有实验教材就无法保质保量地达到实验教学的目的、要求和完成实验教学的任务。实验教材的质量决定着实验教学的质量，直接影响着实验教学目标的实现。高质量、有水平的教材能激发学生的学习兴趣，启发学生积极思考、勇于创新。因此，只有不断加强实验教材的改革和研究，才能真正实现实验教学体系的改革与创新。

（一）文科实验教材的特点

1. 与理论教材相比

对于文科而言，我国一直强调的是社会实践，即到广阔的社会天地间开展社会调研，了解社会现实，很少提到实验。因此，对于文科教材而言，基本上都是以编写理论教材为主。直到最近几年，教育部开始评审文科类国家级实验教学示范中心，各高校才开始大力注重文科类实验室的建设，才开始编写与之配套的文科实验教材。

理论教材较为注重学科知识的完整性、系统性，注重知识、原理的阐述和解释，注重教师在教材讲授中的主导作用，注重考核学生掌握基础知识和基本原理的程度。与理论教材相比，文科实验教材有其自身的特点。实验课的特点决定了教师讲授较少，学生主要通过实验教材进行预习，并在教师指导下完成实验项目。因此，文科实验教材的编写注重的是知识的应用，强调学生学习的自主性和探究性，学生依靠实验教材可较为独立地完成实验项目，注重考核学生的实验操作技能和运用知识解决实际问题的能力。实验项目之间虽然相互关联，但保持一定的独立性，学生可从中选择任意一个实验项目来操作。

2. 与理工科实验教材相比

高校在理工科人才培养方案中，开设了很多独立的实验课程，如"物理实验""化学实验"等。但在文科人才培养方案中，只有少量独立的实验课程，如历史学专业的"文物保护与修复技术""博物馆数字化"和"文物绘图"，档案学专业的"档案保护"，新闻学专业的"摄影与摄像""播音与主持"等。大量的实验内容仍然包含于理论课中，如"市场调查""旅行社业务"等，既有理论学时，又有实验学时。因此，与理工科实验教材相比，少量独立的实验课程可以像"物理实验""化学实验"一样，编写独立的实验教材，其他大多数实验教材的编写都缺乏相对独立性。

（二）文科实验教材的编写思路

在实验教材的开发建设方面，国内理工科专业已经有比较成熟的方法，教材数量也比较多。文科方面虽然也出版有实验教材，但数量有限，不成规模，并且在内容和体例方面与理论教材的区别也不明显，对实验教学的支持力度有限。因此，如何编写适合文科专业特点的实验教材，还需要进一步摸索。北京联合大学应用文科综合实验教学中心，成立了文科实验教材建设小组，通过教材立项的形式开发和编写实验教材，历经两年时间，目前已出版系列文科实验教材。与国内其他高校出版的文科实验教材相比，这套文科系列实验教材在编写过程中形成了以下几点思路。

1. 在教材编写目标上，做到理论与实验相结合

由于多数文科实验课程缺乏相对独立性，如果仅仅将课程当中的实验内容抽取出来，单独编写成实验教材，一方面会使实验教材内容显得过于单薄，另一方面会给学生造成经济负担，因为学生上一门课，既要买理论教材，又要买实验教材。因此，在文科实验教材编写过程中，要力求做到将理论知识与实验项目有效结合。

如何将理论知识与实验项目有机结合呢？我们采取了两种方法：一是将整本教材分为上、下两篇，上篇为理论篇，简要、系统地介绍该课程涉及的理论知识点和原理；下篇为实验篇，以实验项目为逻辑，将该课程涉及的主要实验内容组织起来。二是将理论融入到实验项目中去，也就是围绕这门课程中学生需要掌握的实践能力来设计实验项

目，在每个实验项目之前简要介绍与该实验内容相关的理论知识和原理。通过这两种方法，既使学生掌握了基本的理论，又强调了知识的应用和动手能力的培养。

2. 在教材编写定位上，着重体现教材的"实验性"

虽然很多文科实验教材不具有独立性，在编写过程中需要纳入理论知识的内容，但在编写定位上，仍然要强调其"实验性"。如果脱离了"实验性"，就容易出现"名为实验教材，实为理论教材"的问题。目前有些高校虽然也开发出版了一些文科实验教材，但从其实际内容来看，和理论教材并没有太大的区别。因此，文科实验教材在编写过程中要充分借鉴理工科实验教材的编写思路，着重体现教材的"实验性"，使实验教材能更好地引导学生去自主学习和动手操作。

因为实验课和理论课不同，学生在进入实验室进行实验操作之前，必须首先认真阅读实验教材，做好充分预习。实验教材是学生进入实践教学环节首先接触的文字材料，也是引领学生入门的指导性文件。能否使学生在实验课上真正获得知识、受到实践能力的训练，能否引导他们去发现问题、解决问题，进而去探讨、去研究，能否使他们受到创新精神的熏陶，同时培养起对实验的兴趣等，除了教师的引导作用，实验教材的引导作用不可忽视。

3. 在教材组织形式上，着重体现教材的"项目性"

理论教材是以知识为逻辑来组织教材内容，实验教材则要以实验项目为逻辑来组织教材内容。每本教材都应根据学生实践能力培养的需要，设计若干个实验项目，每个实验项目都要明确实验目的、实验内容、实验要求、实验方法、实验工具、实验流程、考核评价等要素。但对实验内容和流程等方面的描述不能过于详细，如果实验目的、原理、步骤、注意事项等写得清清楚楚，学生实验时，只要"照方抓药"

即可完成，这样容易使学生在实验过程中缺乏自主性和探究性。

另外，实验项目的选择要突出设计性、探究性、开放性和综合性。与理工科实验相比，文科实验更具有开放性和综合性特点。因此，在实验项目的设计与选择上，应该尽量减少基础性和验证性实验，增加创新性和探究性实验，这样才有利于学生实践能力和创造性思维能力的培养。

4. 在教材内容选择上，着重体现教材的"实战性"

在教材内容选择上，一方面要突出创新性，实验内容要反映学科发展的最新成果，要让学生接触新知识，掌握新技术；另一方面也要突出"实战性"，实验内容要密切联系当前经济社会发展状况，每个实验项目的内容尽量使用真实的案例和素材。目的在于让学生在实验过程中，深刻地触摸和认识社会现实。

另外，很多文科实验项目的实施无法单独在校内实验室完成，而是需要校内外结合。如"市场调查"这门实验课程，既要求学生在校内利用计算机网络等实验工具来完成二手资料的收集、问卷的设计和统计分析等实验任务，也要求学生走出校门，走进社会，抓住老百姓切实关心的问题，获得一手资料。通过让学生直接接触社会，提高学生的社会适应性和解决实际问题的能力。为了突出教材的实战性，在编写过程中还可邀请校外的行业专家参与编写一些专业性强的实验项目。

5. 在教材表现形式上，着重体现教材的"直观性"

在以前编写的实验教材中，实验步骤都是采用文字叙述的方法，每一步实验操作的关键词都被淹没于众多的文字叙述中，学生在学习时不容易弄明白，而且实际操作时容易前后步骤混淆。为了增强实验教材的可读性和直观性，我们开发的这套文科实验教材，主要通过图片、图表、示意图和流程图等形式来呈现实验内容和步骤，可使学生一目了然，便于学生自主实验，教师起到指导和辅导作用即可。

6. 在实验目标考核上，强调层次性和团队性

以往编写的实验教材，在实验项目的难度上往往是"一刀切"，缺乏梯度。为便于对具有不同实验能力的学生因材施教，实验内容要体现层次性，对程度较高的学生有较高的要求，对程度较低的学生则提出实验的基本要求。具体来说，应进行分层次教学，可将每个实验分成几个等级，例如，把一个实验分成四级，两级作为基本要求，程度较高一点的学生可完成三级水平要求，拔尖的学生可完成四级要求，从而使学生最大限度地发挥其才干。教师可对学生做有针对性的指导，并根据完成实验的情况制定评分标准。

另外，在实验目标的考核上，要强调团队性。以往的实验基本都要求学生独自完成，但我们开发的很多实验项目都要求学生以小组形式共同完成，目的在于培养学生的团队合作能力和协作精神。

文科实验教学是一个新生事物，文科实验教材的编写也处于探索与实践中。学校应牢固树立以学生为本的教育理念，以提高学生实践能力和创新能力为目标，紧密结合文科专业特点，加强实验教学资源整合与共享，加强文科实验教学的内涵建设，共同推进文科实验教材的建设和发展。

第五章

文科专业群综合实践教学
实施途径

文科专业群综合实践教学的实施途径，需依托校外实践教学基地，主要以实践项目的形式展开。其中实践项目是综合实践教学得以实施的载体，而校外实践教学基地则为综合实践教学提供了实践内容和环境条件。

文科专业群综合实践教学的实施途径，因其综合性和复杂性的要求，需依托校外实践教学基地，主要以实践项目的形式展开。其中实践项目是综合实践教学得以实施的载体，而校外实践教学基地则为综合实践教学提供了实践内容和环境条件。按照美国近代著名实用主义哲学家、教育家约翰·杜威提出的"教育即生活""学校即社会""教育即经验的不断改造和重组"的教育理念，学校生活应与学校以外的社会生活相契合，适应现代社会变化的趋势并成为推动社会发展的重要力量，而综合实践教学的实践项目和校外实践教学基地一起，为学生提供了一种"经过选择的、净化的、理想的社会生活"。在教育实践上，杜威强调"做中学"要求教育从做中学，从经验中学，要求以活动性、经验性的主动作业来取代传统书本式教材的统治地位，而这正是实践项目设计的出发点和归宿，是对"做中学"的最好诠释。因此，杜威的实用主义教育理论和教育实践思想，为文科专业群综合实践教学的实施提供了可靠的理论和实践武器。[①]文科专业综合实践教学实施过程中，实践项目将教学与学生个体经验紧密结合在一起，校外实践教学基地成为学校按照教学目标塑造的真实社会，二者共同为学生在可控的社会环境中学习、成长提供富有养料的土壤。

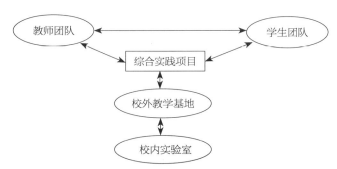

图5-1　文科专业群综合实践教学实施途径示意图

一、文科专业群综合实践教学的实践项目

（一）实践项目的内涵

　　实践项目不仅仅是将实践内容作为一个项目来做，其核心是不同专业的学生因为某一个项目而组成团队，项目负责人则是项目团队的领导者，所肩负的责任就是领导他的团队准时、优质地完成全部实践内容，通过项目成员专业分工与通力合作实现项目目标。在实践项目中，理想的状态下，教师的身份不再是项目的领导者、组织者，而是项目的委托方和监控方。

　　1. 实践项目的内涵

　　实践项目是针对某一特定问题领域的解决方案及其实际行动。本质上，实践项目以问题为导向，通过完成真实任务培养学生解决真实问题的能力。通过实践项目，学生把知识输出为能力，使社会即实践对象发生可控改变。实践项目专注于某一问题领域，以工作任务为纽带，以激发学生的实践主动性为动力，在教师的指导下，通过学生团队的共同努力，实现项目最初设定的任务目标。因此，能否充分激发和发挥学生的主观能动性，是决定一个实践项目是否成功的最重要标志。与社会复杂性、多样性相联系，文科专业群综合实践项目具有高度的灵活性，不拘泥于单一形式，可以表现为多种形式，最常见的有社会调查、方案策划、服务咨询、学科竞赛等。特别是在专业群的视域下，综合实践项目吸纳多个专业协同开展实践活动，克服了单一专

业实践带来的与其他学科专业相隔绝、孤立的弊端，更贴近于社会真实生活，为学生搭建起从学校到社会的无缝衔接。

2. 实践项目的属性及其优势

实践项目具有系统性、综合性、真实性、交互性、自主性等属性及其优势。

系统性是指实践项目从寻找问题、设计方案、实施，最后到总结提升，是一个完整系统的工作过程，完成"理论—实践—理论"的螺旋式上升。这是实践项目作为教学活动的基本属性，因为实践项目本身并不是仅仅为了解决问题，更为重要的是一种手段或桥梁作用，即通过实践项目来验证学生所学理论知识，并实现理论知识的重组和升华，使之与学生个人经验相联系，真正成为学生知识架构的一部分。

综合性主要是知识和技能的综合，一个实践项目需要多方面的知识和技能综合以解决问题，这种综合既有纵向知识综合，即同一学科知识体系中多个知识点、技能要素的连贯综合，也有横向知识综合，即多学科知识体系的配合。前者为学生综合运用所学知识和能力提供了舞台，后者为不同专业的学生合作完成真实任务提供训练机会。

真实性是指实践项目根植于社会现实生活，是对实践项目内在品质的界定。项目来自社会的真实问题，产生有意义的活动，才能激发学生的兴趣，使学生进行浸入式学习，沉浸到所有细节当中，解决一个问题又一个问题，学生的专业能力与工作任务紧密结合，指向对学生职业能力锻炼，为学生将来进入社会完成工作项目奠定基础。

交互性是指实践项目让学校（尤其是学生）和社会（尤其是实践基地）共同受益，项目的实施使得实践对象的问题能够得到全部或部分解决，同时对学生的思维能力产生促进作用。在实践项目实施过程中，学校和社会通过实践项目相互影响，社会解决了问题，学生掌握和具备了完成工作项目的素质和能力。

自主性是实践项目的教学属性，描述的是师生关系，即在实践项目实施过程中学生的学习是自主探究式学习，不依赖于教师。学生在实践项目运行中，要自主设计实施方案，自主执行或修正实施方案，自主分析解决问题等，教师更多的是起引导作用，扮演协调员的角色。

总之，实践项目不仅为学生提高解决问题的能力提供了途径，而且在项目实施过程中总会遇到这样或那样的新问题，又为学生发现问题创造了机会。另外，由于是一个项目组在工作，涉及不同专业成员的分工与合作，与真实社会具有高度一致性，也为学生社会交往能力的养成提供了土壤，让学生与社会直接接触，感受社会生活，增加对社会的了解和认识，借此培养学生的公民意识和社会责任感。

（二）实践项目的来源

实践项目有两个比较重要的来源，一是教师的科研项目，二是师生对社会现实问题的挖掘。无论是来自教师科研项目，还是来自社会现实问题，实践项目都是以问题为导向的。

1. 教师科研项目的分解

实践项目来自解决社会或企业实际问题的需求，这样才更具实践价值。在这一点上实践项目与应用性科研项目有异曲同工之处，但科研项目并不能天然成为实践项目，二者转换需要一定的条件。首先科研项目要具有很好的解构性或建构性，能够被分解为很多个小的独立的任务；其次这些小的任务完成最终能够促成整个项目的完成。除此之外，科研项目拆解为实践项目时，必须根据实践教学目标进行适当改造，使其满足实践项目的属性要求。

实践项目与科研项目是相互区别又相互联系的。科研项目具有新颖性，追求结果的新颖独特，这是其价值所在，一般不可重复设立。而实践项目则具有可重复性，允许在不同的年级和组别重复开设，追求的是过程完善。当然，实践项目在一定的条件下也可以转化为科研项目，实现教学相长。当仅仅依靠已有的知识和方法无法解决问题时，新知识、新方法成为必需物，实践项目在一定程度上也就成为科研项目，知识应用向知识创新发生质变。

2. 社会现实问题的挖掘

同样，并不是所有社会现实问题都能成为实践项目，在这一点上社会现实问题与科研项目是相通的，因为科研项目本身正是为解决某一方面存在的问题而设立的。进入实践项目的社会现实问题的价值主要表现为实践价值，理论价值更多是隐藏在背后，或者说更多是运用理论知识去解决现实问题。社会现实问题可以作为实践项目的重要来源，使学生根据兴趣自主确定实践项目主题和内容成为可能。在选择社会现实问题作为实践项目的来源时，应避免贪大求全，尽量从微观层面切入，在满足兴趣和满足教学要求之间寻找均衡。

二、文科专业群综合实践教学实践项目的开发原则

综合考虑文科专业特点和实践项目的性质，文科专业群综合实践教学开发实践项目应遵循以下"五结合"原则：

（一）校内与校外相结合

　　在活动地点上，文科专业群综合实践不能局限在实验室进行模拟实践，要走出校园，与校外社会生活紧密联系在一起。其中校外实践教学基地或社区为实践项目提供实施条件和支持，最重要的是提供要解决的问题和解决问题的真实环境。校内实验室既是实践项目的模拟训练场所，也是社会化实践后进行信息和数据处理的平台，为实践项目提供解决方案的技术环境支持。这就要求实践项目开发时应充分考虑校内与校外的衔接，发挥各自的长处。通过实践项目使校内外良性互动，学校、学生和实践基地三方都受益。

图5-2　校内与校外相结合原则示意图

（二）课内与课外相结合

　　在时间分配上，实践项目以课堂学习为起点和终点，中间过程更强调学生走出课堂，利用课外时间进行项目实践，功夫在课外。实践项目

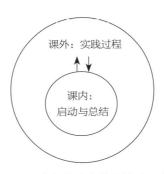

图5-3　课内与课外相结合原则示意图

在项目准备阶段和总结阶段主要利用课内时间，在项目实施的过程中重点转移到课外。这就需要师生都能接受时间上的成倍投入，大量的时间要花费在课外，没有课时的回馈。同时需要学校管理部门在实践项目管理政策上有所考虑，出台支持性政策措施，保证师生的积极性。

（三）理论与实际相结合

在活动要素组成上，实践项目是理论与实际的对立统一体。没有理论指导的实践是盲目的、肤浅的，而没有实际意义的实践是空洞的、无物的。实践项目是学生在社会实际生活中检验、运用理论知识的载体和媒介，是理论与实际相结合的桥梁。在项目实施过程中，学生要清楚用什么理论和知识解决遇到的实际问题，或者知道用什么方法和途径去获取解释、解决实际问题的理论。以实践项目为参考纬度，理论的意义和价值在于能够解决实际问题，而实际问题为学生验证所学理论提供了练兵场。通过实践项目的实施，学生实现了从理论到实践，再从实践到理论的升华。

图5-4　理论与实际相结合原则示意图

（四）个体与群体相结合

在项目成员关系上，文科专业群综合实践项目的综合性决定了这是一种合作性学习，单靠学生个体的力量无法完成实践项目。学生个体与群体在其中各自发挥作用，没有个体的独特贡献，项目就无法完

图5-5　个体与群体相结合原则示意图

成；同样，不考虑群体的个体行为，有可能会损害到整体的利益，并最终影响项目整体进度。只有不同专业的学生按项目计划协调开展实践活动，才能实现实践目标的达成。由于涉及多个专业，这种个体和群体的关系还会延伸到不同教师身上，需要不同专业教师之间进行配合、合作，协同对学生进行业务指导。因此，在实践项目实施过程中会涉及生生关系、师生关系、师师关系，这也在同一个场域内为学生锻炼多方面与人合作共事的能力提供了可能。

（五）体验与反思相结合

在心理学层面，体验与反思是实践项目成功的重要标志。实践项目要求学生参与其中，是一种沉浸式学习，是动手体验行动。在这个过程中，学生不断与自我、与他人、与环境进行交流和信息交换，不断对行动进行反思，加以改进提升。这种体验是学生将所学知识应用到社会实

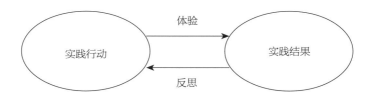

图5-6　体验与反思相结合原则示意图

践的产物，是学生个人经验的积累过程。而反思是自我问题剖析，将学生个人经验与理论知识相联系，贯穿在整个实践过程中。只有体验没有反思将导致实践肤浅化，而体验浮于表面会导致反思缺乏针对性甚至产生偏差，只有将体验和反思融合才能实现真正意义上的学习。

三、文科专业群综合实践教学的项目运行分析

在确定了文科专业群综合实践教学的项目开发原则之后，进一步深入分析实践项目是如何运行起来的，主要包括实践项目的知识特性、表现形式和实际运行过程，以揭示实践项目的知识结构和运行规律。

（一）实践项目的知识分析

实践项目包含两方面的知识，其一是学科性知识，这与一般的学习内容并无本质的区别，更多表现为对学科性知识的复习，也包括因遇到新问题而自学新的学科性知识；其二是程序性知识，即完成某一工作任务的程序要求，我们在这里描述实践项目时，是将动作技能包含在程序性知识当中。因此，实践项目是学科性知识与程序性知识的复合体，二者共同在实践项目中发挥不可替代的作用。实践项目的开发就要兼顾学科知识和程序知识，既要考虑学科知识的运用，更要明确做事程序。从这个意义上说，实践项目开发就是通过对工作任务的分析，解构出其中的学科性知识和程序性知识。

（二）实践项目的主要表现形式

与理工科专业侧重于科研开发、产品设计、工程设计等不同，文科专业群综合教学的实践项目主要表现为社会调查、方案策划、服务咨询、学科竞赛等形式，融"教、学、做"为一体，实现教师指导下的学生"学中做、做中学"。

1. 社会调查

社会调查在这里是指针对某一社会现实问题，采用问卷、访谈、观察等工具或方法，并借助文献查询、网络搜索、实地实物查证等手段进行的研究性调查活动，是文科专业学生核心能力之一。社会调查是文科专业教师科研项目的重要组成部分，也是教师科研项目转化为学生实践项目相对容易操作和比较可靠的途径。在客观上，由于社会调查项目需要投入大量的人力和时间成本，促使教师在科研项目转化为学生实践项目上保持积极性。在主观上，教师要将教学目标融合到社会调查项目，在获得社会调查项目数据结果的同时，实现对学生的专业能力培养和初少科研能力训练。如依托教师科研项目的"长春园、绮春园清代御制诗辑录"，就是汉语言文学专业和历史学专业学生共同合作完成的社会调查实践项目，是教师三山五园清代御制诗研究的组成部分。

社会调查实践项目按照项目进度，可以划分为三个紧密相连的阶段：（1）调查准备阶段，包括确定选题、查阅背景文献、设计调查方案和设计问卷等；（2）调查实施阶段，包括实施访谈、问卷发放及回收、实物数据采集、数据处理分析等；（3）调查总结阶段，包括补充数据、撰写报告、考核评价等。社会调查是一种专业性很强的科研创新活动，需要学生掌握专门的调查知识和技能，尤其是调查方案设计和数据分析，对学生有较高的要求，因此一般应在高年级学生具备了一定的理论知识和方法储备之后实施。社会调查在真实的社会环境中进行，其实施过程对学生的人际沟通能力具有较好的历练作用，有助于学生深入了解社会，尤其是文科专业群综合实践项目的多专业属性，为学生提供了与真实社会调查项目相同的组织架构，锻炼了学生在复杂环境下与不同专业背景人员合作共事的能力。

在互联网应用高度发达的时代条件下，社会调查已进入线上与线下结合的混合模式，如许多调查问卷可以通过网络途径进行发放（发布）、回收，无疑可以大大提高调查的效率，节约时间成本。而且大学生往往是互联网应用的积极践行者，利用互联网进行社会调查正在被广泛应用于教学实践。但是由于互联网的高度自由性和个体不可控性，其调查数据并不适合作为唯一数据来源，一定要与线下的实地调查相互配合，使学生的体验与被调查对象建立直接的关联，增强学生对社会的感知和适应能力。[①]

目前，关于社会调查方法与应用的专著和教材已非常多，对社会调查实践项目具有很好的参考价值，相关内容在此不再赘述。需要强调的是，在社会调查实践项目中，基于问题的问卷设计或调查方案设计是调查成功的基础，因此问题设计是十分重要的关键性环节。只有设计出既符合专业要求，又易于被调查对象理解和接受的问题，才能顺利实现调查的目标，采集到具有高度可靠性的数据。在问题设计出来以后，可以通过试调查来对其进行评估，以确定其是否科学合理，是否能够达到预定目标。另外一个重要环节就是调查报告的撰写，这

---

① 弗洛伊德·J. 福勒. 调查研究方法［M］. 孙振东，龙藜，陈荟译. 重庆：重庆大学出版社，2009：79—83.

是社会调查作为完整的实践项目的必备条件，是对学生专业应用能力和书面学术表达的综合性训练。在实际操作中，应避免仅仅把学生作为"劳动力"来完成数据采集即止的现象，而是让学生完成一个完整周期的社会调查训练。

2. 方案策划

方案策划是指受服务对象委托，针对特定问题或事项，实施信息收集、方案制作、方案论证、方案执行、评估反馈等一系列活动的集合体。方案策划是现代服务业的重要领域，是文科专业学生走向社会要面对的工作内容。方案策划往往涉及多学科知识，是一个系统性工程，比较适合于文科专业群综合实践教学项目。方案策划比较常见的形式有活动策划、营销策划、宣传策划等，如法学专业、新闻学专业等联合实施的"北京某中学普法宣传活动策划与实践"项目，就是一种公益活动策划，由学生自主策划并实施，在锻炼学生综合实践能力的同时，达到了普法宣传的社会性目的。

信息收集是方案策划的前期准备阶段，应尽可能全面、详尽地收集服务对象特定问题的相关信息，比如，收集服务对象的历史与现状，以及可以利用的资源等，如确定上述某中学法制教育宣传的历史、现状，以及相关案例收集等，为普法宣传活动选定切入点和重点。在信息收集阶段，方案策划的目的得到进一步确认和细化，并明确得到哪些有效信息和资源的支撑，剔除冗余信息，使方案能够直奔主题。

方案制作是方案文本的撰写过程，既可以是一人主笔、其他人补充，也可以是分成不同部分由不同专业学生分别负责，但方案整体架构应该是集体构思的成果。方案制作是一个思路不断碰撞、交融的过程，每个人都可以从本专业认知出发，对整体方案提出意见，同时每个人也应该尊重其他人意见，在争论中达成一致。这个过程应尽量避免教师的直接参与，给予学生充分的发挥空间，允许学生犯错误。

方案论证除由不同专业指导教师作为专家外，还应邀请服务对象即行业专家参与进来。在条件允许的情况下，可以请校外相关行业领域实务专家给出意见，然后对方案进行修正和完善。

方案执行不仅仅是方案策划小组的实践任务，还应有服务对象的共同参与。指导教师作为监督者，负责监控实施效果，并进行跟踪指导。在执行方案过程中，发现偏差及时纠正，在必要时，也可以根据现实条件对原有目标进行适当调整。

评估反馈是对学生在方案策划中表现出来的社会能力、方法能力和专业能力进行考核评估，并反馈给学生，其中社会能力、方法能力围绕学生团队协作能力、参与态度、劳动纪律、解决问题的能力进行考核，专业能力重点考核策划方案的创意性、可执行性、完整性及文案质量。[①]

3. 服务咨询

服务咨询是指学生利用所学理论和知识，为服务对象提供咨询和解决方案的一种实践活动，适合文科专业学生，比较常见的形式是社区服务项目。随着现代城市的建设和发展，社区日益成为城市管理最重要的组成部分。社区已成为现代城市居民生活的基本场域，也是社会生活的一个缩影，当然也就是学生工作以后所面对的环境乃至服务对象。而且社区作为现代大学的邻居和伙伴，大学与社区的关系也变得日益紧密，

---

① 江国全，季海波. 基于工作过程的"营销方案策划"课程开发与实践［J］. 黑龙江科技信息，2010（35）：260.

产生越来越多的联系。服务咨询更多是师生对社会现实问题的专业性反馈，是一个学生在教师的指导下自主发现问题、解决问题的过程，与文科专业群综合实践教学目标高度一致。

社区服务项目为学生提供了解社区，进而了解社会实际的机会，学生借此可以知道所学何所用，以及怎么应用所学知识。通过社区服务项目的开展，既密切了学生与社会的联系，又培养了学生的社会责任感和公共意识，有助于学生美好品质的养成。有组织开展社区服务项目，在发挥学生专业特长、培养学生专业应用能力的同时，也解决了社区居民的实际需求，实现了学生对社会的贡献。这也是服务咨询成为实践项目的必要条件，即要具有互惠性，同时具备满足社区居民实际需求和能够发挥学生专业特长的要求，不能是无专业性需求的通用性服务。在项目实施过程中，学生既是服务者，又是学习者。这种服务中的学习来自学生对专业知识的反思，促使其进行弥补性、针对性的再学习。[①]

在实施社区服务项目过程中要注意几个关键节点：第一，在确定服务主题时，教师和学生都可以起主导作用，关键是要分析项目的实施是否与实践教学目标一致，进而明确服务的内容。许多高校团队会给服务项目起名字，如北京联合大学的"向日葵"社区服务项目，以档案学专业为主，联合法学、新闻学等不同专业共同参与，经过多年传承和不断创新，逐渐形成服务品牌。第二，在组建团队阶段，应根据主题需要招募不同专业学生，确定总负责人，分工合作。第三，在培训学习阶段，教师根据项目内容要求对学生团队进行针对性培训，

[①]　游柱然，胡英姿. 体验与建构：当代美国高校实践教学研究 [M]. 北京：中国社会科学出版社，2014：30—66.

内容包括问题处理和应急处理，以及社区历史民俗介绍等，使项目能够顺利实施。第四，在项目实施阶段，教师退居幕后，由学生自主进行项目实践，运用所学知识，通过团队的支持，向社区居民提供服务，解决社区实际问题，并通过与社区居民的深入接触而了解社会、认识社会、融入社会。在此阶段应安排每天小组内总结或撰写工作日志，查找问题与不足，而教师作为"咨询专家"随时提供专业指导和咨询，及时修正偏差，确保项目高效运转。最后在总结交流阶段，结合考评，组织项目参与各方共同进行总结，包括社区居民代表以被服务者的身份参与进来，不同专业的学生分别进行工作汇报和经验分享。

4. 学科竞赛

学科竞赛是在紧密结合课堂教学或新技术应用的基础上，以竞赛的方法培养学生综合能力，引导学生通过完成竞赛任务来发现问题、解决问题，并增强学生学习兴趣及研究的主动性，培养学生的团队协作意识和创新精神的系列化活动。[①]学科竞赛被越来越多的学校重视并应用于教学当中，已经成为实践教学一种重要形式和途径。

从表现形式上，学科竞赛可以是前述三种实践项目形式的综合，学科竞赛的内容可以是前三种的任何一种或几种的组合。学科竞赛是对专业知识应用于实践的效果检验，具有良好的信息反馈及时性，通过竞赛的形式来激发学生的兴趣和积极性，寓学于乐，以赛代练。学科竞赛是文理科通用的实践教学模式，在文科专业群实践教学中比较突出的是小组参赛，以小组参赛的方式，通过灵活多样竞赛题目的设置，达到不同专业学生既合作又同台竞技的效果。如北京市大学生人

---

① 张瑞成，陈至坤，王福斌. 学科竞赛内容向大学生实践教学转化的探讨 [J]. 实验技术与管理，2010（7）：130.

文知识竞赛，每年吸引不同专业同学组队参加比赛，通过小组合作答题、人文演绎竞赛题目的策划与编演等，将专业知识、人文素养与团队合作、表达沟通等多种教学要素有机结合起来，综合性强，挑战度高，逐渐成为被学生乐于接受并实践的学科竞赛之一。

在组织形式上，学科竞赛需要学校在资源调配和运行机制上进行统筹规划，增加实验室开放力度，多专业共享共用，避免资源重复投入和浪费。同时加大与社会（行业）合作力度，鼓励双师型教师参与竞赛指导，引入行业专家作为竞赛评委，尤其是竞赛题目取自社会（行业）真实问题，使学科竞赛与社会实际需求相吻合，让学科竞赛能够在较大程度上实现真题真做。适当提高奖励力度和扩大奖励范围，考虑将学科竞赛纳入人才培养体系当中，以一定的学分如创新实践学分给予学生参与学科竞赛成绩的认可。

（三）实践项目的运行过程

实践项目在运行上表现为项目活动，通过一系列的活动过程完成工作任务，在这个过程中达到学科知识和程序知识的高度融合。通过对实践项目的各种表现形式进行高度综合概括，确定实施关键节点，其实施程序一般可以分为七个连续的过程：

1. 主题确定

实践主题的确定可以由教师或学生、单方或多方协作完成。教师可以根据自己科研项目的需求，结合专业教学目标，将科研项目的一部分内容拆解、组合为实践项目，也可以是为科研选题进行前期调研做准备，或者探索某一社会问题解决等。一般应允许学生参与到主题确定工作中，甚至有时学生可以自行提出问题，并在教师指导下自主完成主题确定。主题确定最重要的是确定实践的目的，后面的一切实践活动都是围绕实践目的展开。而确定目的最重要的考量因素是使目的具有教育教学的价值，即符合专业人才培养目标需求，这是第一位的，实用价值和科研价值是第二位的。实用价值占主导的项目适合做社会实践项目，而不是专业实践教学项目；科研价值占主体的项目是把学生当成了科研劳动力，也应该避免。

2. 团队组建

基于实践任务和主题的综合要求，文科专业群综合实践项目的学生团队多来自不同的专业，客观上要求指导教师也应来自不同专业的团队，分别帮助本专业学生，使其在实践体验和本专业理论知识之间建立联系，单一学科专业的教师很难一人指导不同专业的学生运用各自专业的知识。跨专业教师团队和学生团队的同时存在，为在实践过程中实现跨专业的师生交流、生生交流、师师交流提供了条件，在客观上有利于多专业融合发展，拓宽学生学科视野和专业知识面。在教师团队中，根据指导责任大小，确立主带教师和辅助教师，在工作量上进行合理划分，调动教师积极性。

3. 方法培训

方法培训是实践项目得以顺利实施的工具，内容包括调研方法、数据处理方法、人际交流沟通方法等。方法培训的方式可以是多样化的，不局限在教师本人讲解培训工作方法和工具，有时候邀请上一级同学以"过来人"的身份来做实践经验分享，或者请相关行业实务专家现身说法更具实用价值。为了使项目实施过程顺畅，有些学校在学生进入综合实践教学环节之前，开设诸如"社会调查方法""信息检索与利用""科技论文写作"等研究方法类课程或创新思维类课程供学生选修，为学生参加实践项目奠定方法和理论基础。对于文科专业学生来说，社会调查方法的知识和能力训练尤其重要，往往是实践项目顺利开展的必备条件，应该受到足够重视，至少应以选修课的形式开设出来。

4. 项目实施

在项目实施阶段，制定实施计划、拟定解决问题的方案等都由学生自主确定并实施，充分体现学生的主体地位。学生边实践边反思，在体验—反思—体验的循环中达到学习的目的，同时也完成了项目的目标，通过项目实践使学习目的与项目自身目标达成高度一致。在此过程中，教师以教练员的身份出现，起到咨询指导作用，项目的主角是学生，教师不能越俎代庖。学生的主体地位得到充分体现是项目顺利实施的保障，尤其是项目实施过程中遇到问题时，教师尽可能退居幕后观察，由学生自主研判、解决问题，教师最多在学生无法解决问题时提出引导性意见，而不能直接给出解决方案或措施。

5. 总结交流

综合实践教学作为一项教学活动，要达到预定的教学目标，教学反馈是必不可少的。总结交流作为重要的内部反馈，是学生全面的自我反思过程。在项目总结中，学生不仅要陈述工作内容和工作方法、结果等，还要探讨是否存在其他可能性，包括方法、结果等，不满足于既有成就。通过反思式总结，使学生学会自我批判，培养学生的批判性思维，拓宽学生思路。总结交流一般分阶段进行，复杂项目可以每周进行一次组内总结，至少要在项目实施中期进行一次阶段性总结交流，项目成员或各组之间进行信息交流，防止项目出现较大偏差，起到修正方向的作用，使项目向着预期目标演进；在项目结束后要对项目实施整体进行总结交流，为项目画上圆满句号，同时积累经验和教训。

6. 考核评价

考核评价是来自外部的反馈，与自我内部反思相互配合，共同实现对实践项目的过程管理。因此，实践项目的考核评价更多的是关注实践过程，实践结果不再具有主导性，或者说不再具有唯一性。学生通过实践项目达成学习目标，提升了知识应用能力和合作能力才是最重要的。按照斯金纳的行为主义理论，学生的学习行为应该得到及时和足够数量的强化[①]，以确保学习的进展和效果。过程评价作为一种外部强化，结合阶段性总结进行，并及时反馈给学生，起到纠偏的作用。但强调过程评价并不是说综合评价不重要、可有可无，综合评价应建立在过程评价的基础之上，是一个水到渠成的结果。综合评价是过程评价的升华，尤其是通过综合评价要让学生明白如何从整体上把握一个项目，为学生完成真实工作项目奠定基础。因此，实践项目的考核评价应该是以过程性评价为主，过程性评价与终结性评价相结合。

7. 成果展示

实践项目结束后安排成果展示活动，能够在客观上肯定学生的努力，激发学生自尊和求知欲，有利于学生在更高层次上实现"自我实现"，也会促进学生更深入思考。通过成果展示制作过程，促使学生对项目再次进行全面、深入总结项目的成功之处，挖掘存在的问题和不足，是再次的深度学习。与带有强制任务性质的总结不同，成果展示是一次摆脱"成绩"羁绊的全面反思过程，是自我欣赏和升华，展现自我的价值的过程。在这个过程中，通过实践资料梳理和文字表达的提炼，学生的沟通表达能力也得到提升。因此，综合实践项目的成果

---

① 张斌贤. 外国教育思想史［M］. 北京：高等教育出版社，2007：434.

展示可以起到画龙点睛的作用，应受到重视，在经费上给予支持。

这七个运行过程是完整、连贯的，但并不是一成不变、完全固化的程序，可以根据项目实际需求进行调整或压缩，不一定严格执行所有七个程序。如方法培训，可以分散到项目实施过程中进行，增强方法的针对性；再如，总结交流可以与考核评价结合在一起进行，以节省时间；等等。

四、文科专业群综合实践教学的项目库建设与利用

实践项目库的建设与利用，是实现文科专业综合实践教学可持续发展的内在需求。项目库建设既是满足综合实践教学持续性的需要，是一个不断积累的过程；又是适应学生数字化学习的需要，是一个网络化、数字化的过程。

（一）项目库建设的意义

建设实践项目库最重要的是实现实践项目优化和简化，即对具体项目的抽象概括，凝练出核心要素和实施节点，使有意义的实践项目可以在教学上循环使用，并根据需要进行更新，不断优化解决现实问题的路径和方案。社会问题的解决方案往往是多样化的，这为不同学生群体尝试不同的解决方案提供了可能性，还可以与以往解决方案进行对照，有利于培养学生批判性思维。

（二）项目库建设的执行

进入项目库的项目要有一定的标准，满足可深化拓展的要求，能够不断向纵向深化或横向拓展。纵向深化是对同一个问题的深度探讨、挖掘，可以更加精细或者溯本追源，从根本上解决问题；横向拓展更多是可以从不同角度、用不同方法解决同一个问题，探索最优化解决路径。

实践项目库建设以信息化建设为前提和保障，借助信息化网络系统保持实时更新，不断对原有项目进行改造、完善，甚至淘汰，并补充进新的项目供学生选择。实践项目库建设还可以与学生电子学习档案结合起来，全过程记录学生学习实践过程，成为综合学习平台，从项目选择、项目培训、项目实施、项目总结，到项目考核全部实现数字化、网络化，最终形成日益丰富的教学资源库。

五、文科专业群综合实践教学的项目实践误区与克服

实践项目的核心价值在于对学生的教育价值，它在本质上是一种教育手段，而不是教育目的本身，这是实践项目存在的根本意义。

（一）项目实践的误区

在实践中最大的误区是本末倒置，将教育手段目的化，以追求实践项目的最优化成果为最终目的，忽视了实践过程才是对学生最大的价值所在。无论是教师科研项目的分解，还是针对某一社会现实问题

的调研，抑或社区服务等，都是通过学生参与其中达到对学生的教育训练目的，完成课题或服务咨询只是这个教育实践过程的自然结果。

（二）实践项目的质量评价与督导

由于存在进入以上误区的可能性，这就需要对实践项目的教学效果进行客观性评价，通过建立质量标准评价体系与内部督导机制，对实践项目进行过程控制，使其始终按照教学目标要求来开展。实践项目质量标准体系建设是一个长期过程，除了将学生的收获作为最终评价标准外，还要考虑不同专业的特点和要求，适合不同专业的专业能力发展需求。因此，很难找到一种适合于不同专业的统一评价标准，比较合理的做法是由各专业分别制定本专业实践项目质量评价标准，由校方制定通用标准，如工作态度提升、沟通交流、表达能力进步等，经过对专业标准和通用标准进行合理加权、综合考量、认定后实施。

内部督导机制是对实践项目实施过程的诊断，以改进实践项目为目标，通过督导纠偏，实现对实践项目的过程控制、引导。实践项目的督导员主要是教学方面的专家，重点监控教学目标的实现程度，并适当引进行业专家，对实践项目的实战性进行督导，而督导的主要依据则是事先制定的实践项目质量标准体系。

六、校外实践教学基地建设

校外实践教学基地是学校教育环境的延伸，是社会环境主动适应教育要求的产物，是被教育化的社会环境。在广义上，凡是实践项目实施所依托的社会环境和部门都可以称为校外实践教学基地；在狭义上，只有与学校签订产学合作协议的社会部门才称为学校的正式校外实践教学基地。后面章节中对文科专业群综合实践教学的实践环境，有比较详尽的专门阐述，因此本章主要从校外实践教学基地与实践项目的关系出发，简要论述如何利用校外实践教学基地实施实践项目，而不涉及校外实践教学基地的建设与运转维护等具体内容。

（一）实践项目在校外实践教学基地建设中的作用

就二者的关系而言，校外实践教学基地提供了实践项目运行的真实环境，使学生在学习活动中实现与社会生活的真实接触，满足"教育即生活"的要求。而实践项目则是建好校外实践教学基地的纽带，把学校、学生与校外实践教学基地连接在一起，将三者打造为教学共同体，在实践上真正实现"三位一体"。如果把教学基地比喻成一辆货车，那么实践项目就是货车上的货物，学生在教师的指导下将货物装卸，实现货物的价值。

（二）校外实践教学基地的建设基础

互利共赢是校外实践教学基地可持续发展的基础，也是实践项目同时满足实用价值和教育价值的体现。在建设校外实践教学基地的过程中，只有遵守互利共赢的原则，各自发挥各自长处，将学校的学术智力资源优势输送到校外教学基地，同时，将校外实践教学基地的实践资源和实务优势用于学校的人才培养，才能使校企合作关系可以持续并深化下去。从根本上讲，实践项目是互利共赢目标实现的最终载体，正是通过实践项目让校企双方的合作"活"起来，长久的合作关系得以维系。

在产学研合作教育日益发展的大背景下，文科专业群综合实践教学已经离不开校外实践教学基地的支持与配合，需要建设并巩固一大批与学科专业知识应用相匹配、热心教育事业的校外实践教学基地，构筑起学校与校外实践教学基地命运共同体，护航实践项目的实施。

第六章

文科专业群综合实践教学方法

教学方法、教学方式与教学体系，是教学实践过程中相互融合、互为支撑的三个重要元素，其中，教学方法体现了特定的教育和教学的价值观念。本章从教学方法概念出发，明确教学方法在教学过程中的主导地位，突出其对实现教育目标所起的作用，进而引出文科领域是否需要实验教学，以及怎样进行实验教学的讨论。实验教学方法多样，但最重要的是在不同的实验教学课堂上，营造能够引起信息互动的实验体验氛围。通过对体验式基本教学法的特征、内涵、应用与实施策略的全方位分析，进一步突出以学生为主体的实验教学理念。最后通过对几个国家级实验教学示范中心教学案例的介绍，说明文科实验教学方法需要在实践中不断完善、创新。

一、教学方法概述

教学方法是教师和学生为了实现共同的教学目标，完成共同的教学任务，在教学过程中运用的方式与手段的总称。对此可以从以下三个方面来理解。首先，它是指具体的教学方法，从属于教学方法论，是教学方法论的一个层面。教学方法论由教学方法指导思想、基本方法、具体方法、教学方式四个层面组成。其次，教学方法包括教师教的方法（教授法）和学生学的方法（学习法）两大方面，是教授方法与学习法的统一。教授法必须依据学习法，否则便会因缺乏针对性和可行性而不能有效地达到预期的目的。但由于教师在教学过程中处于主导地位，所以在教法与学法中，教法处于主导地位。最后，教学方法不同于教学方式，但与教学方式有着密切的联系。教学方式是构成教学方法的细节，是运用各种教学方法的技术。一方面，任何一种教学方法都由一系列的教学方式组成，可以分解为多种教学方式；另一方面，教学方法是一连串有目的的活动，能独立完成某项教学任务，而教学方式只被运用于教学方法中，并为促成教学方法所要完成的教学任务服务，其本身不能完成一项教学任务。

与教学方法密切相关的概念还有教学模式和教学手段。教学模式是在一定教学思想指导下建立起来的为完成某一个教学课题而运用的比较稳定的教学方法的程序及策略体系，它由若干个有固定程序的教学方法组成。每种教学模式都有自己的指导思想，具有独特的功能。它们对教学方法的运用，对教学实践的发展有很大影响。

（一）教学方法的概念

教学方法，是教学过程中教师与学生为实现教学目的和教学任务要求，在教学活动中所采取的行为方式的总称。教学方法体现了特定的教育和教学的价值观念，它指向实现特定的教学目标要求。教学方法受到特定的教学内容、具体的教学组织形式的影响和制约。

由于时代的不同，由于社会背景、文化氛围的不同，由于研究者研究问题的角度和侧面的差异，中外不同时期的教学理论研究者对"教学方法"概念的界说自然不尽相同，但对于教学方法要服务于教学目的和教学任务的要求，教学方法是师生双方共同完成教学活动内容的手段，以及教学方法是教学活动中师生双方行为体系等观点具有共性认同。

（二）教学方法的分类

教学方法的分类就是把多种多样的教学方法，按照一定的规则或标准，归为一个有内在联系的体系。

1. 教法与学法平行的分类

它将教学方法分为教授法和学习法。教授法包括讲授、讲读、谈话、演示等；学习法包括练习、实习、作业等。

2. 从学法到教法的分类

教学方法受学习规律的制约，教学方法也是受学习方法的制约。有人将学习方法归纳为五种，即模仿、抽象概括、问题解决、逻辑推理和总结提高。就此与学习方法相对应的就有示范教学法、概括教学法、求解教学法、推理教学法和反馈教学法五种教学方法。

也有人从记忆、理解、探索三个思维水平和知识、技能、态度三种学习内容的两个维度将学习分为记忆、领会、解疑、模仿、操作、试误、效仿、体验、反思九种；与此对应的，将教学方法分为陈述教学法、论证教学法、设疑教学法、示范教学法、导练教学法、陪练教学法、约束教学法、陶冶教学法、剖析教学法九种。

3. 依据认识论的分类

苏联教育家斯卡特金将教学过程看成学生认知发展的过程，把教学方法分为五类，即图例讲解法、复现法、问题叙述法、局部探求法和研究法。

4. 依据教学方法形态的分类

按照教学方法的外部形态及学生认知活动的特点，教学方法可以分为四大类，即语言传递方法、直接感知方法、实际训练方法和引导探究方法。

5. 依据教学过程的分类

按照教学过程的不同环节将教学方法分为三大类，每一类包括几个小类。第一类是组织认知活动的方法；第二类是刺激和形成学习动机的方法，包括刺激学习兴趣的方法和刺激学习责任的方法；第三类是检查和自我检查的方法，包括口述检查法、书面检查法和实际操作检查法。

6. 依据心理学的分类

这种分类是根据心理学把人的学习活动分为认知和情意两方面，把教学方法分为两大类，一类是与有意识的习得性学习活动有关的教学方法，包括与学习知识信息有关的教学方法、与习得动作技能有关的方法、与习得智力技能及认知策略有关的方法和与习得态度有关的方法；另一类是与调节情意有关的教学方法。①

二、文科实验教学方法的思考

（一）文科实验教学思辨

就科学实验而言，它是"根据一定目的，运用一定的仪器、设备等物质手段，在人工控制的条件下，观察、研究自然现象及其规律性的社会实践形式。是获取经验事实和检验科学假说、理论真理性的重要途径。它包括实验者、实验手段和实验对象三要素。其特点是：可以纯化、简化或强化和再现研究对象，延缓和加速自然过程，充分体现人的主观能动性和创造性。科学实验的范围和深度，随着科学技术的发展和社会的进步而不断扩大和深化。科学理论对科学实验有能动的指导作用"②。如果我们套用这样的解释，在文科的实验教学中，"实验者、实验手段和实验对象三要素"中的手段和对象到底是什么就很难界定。因为这里的对象表现为实体的物质，而手段则是针对物质的，是具有特定运行程序的手法。而在文科的实验教学中，并不存在物质的对象，要么是人的思想通过某种表达方式进行的信息多向传递，要么是社会现象模拟中理论问题的深入探讨。也许就是因为缺少了"物证"，在高等教育的理工科范畴比较容易理解的实验教学，在文科的范

---

① 辞海［M］. 上海：辞书出版社，1999.
② 现代汉语词典：第5版［M］. 北京：商务印书馆，2005.

畴则存在一定的难度。

　　所以，要弄清楚文科实验教学的本质内容和具体的教学方法，首先要明白"实践教学"和"实验教学"内在的含义，而不能简单地直接搬用"科学实验"的概念和方法。

　　在汉语的词义中"实践"和"实验"同时可作为名词和动词使用。因此，两个词在具体表述某种事物时，容易在人们的理解上产生偏差。实践，作为动词可解释为："实行（自己的主张）；履行（自己的诺言）。"作为名词可解释为："人类有目的地改造世界的活动。各派哲学对它有不同的解释。科学的实践观的确立是马克思主义哲学诞生的重要标志。马克思主义哲学认为实践是主观见之于客观的能动的活动，是人类社会发展的普遍基础和动力。生产活动是最基本的实践活动，此外还有阶级斗争、政治生活、科学实验、艺术、教育等多种形式。实践具有客观性、能动性和社会历史性。人类的全部历史由人们的实践活动构成。"①实验，作为动词可解释为："又称'试验'。"②指根据一定目的，运用必要的手段，在人为控制的条件下，观察研究事物的实践活动。作为名词可解释为："指实验的工作：做实验或科学实验。"可见，实践教学中的"实践"是名词的概念；实验教学中的"实验"是动词的概念。实践教学中，"实践"的词义面向事物所表达的概念是宏观和总体的；实验教学中，"实验"的词义面向事物所表达的概念是微观和具体的。

　　这样去理解，问题就十分清楚了。之所以对文科实验教学产生疑问，原因就在于用"实验"的名词词义来理解实验教学。于是，才产

---

① 现代汉语词典：第5版［M］. 北京：商务印书馆，2005.
② 现代汉语词典：第5版［M］. 北京：商务印书馆，2005.

生了"实验教学=科学实验"的错误理解。因为在"实验"的动词概念
中，观察研究"事"与"物"的实践活动，只有目标、手段、控制三
个环节，而这三个环节并不是仅指"物"。文科的实验教学针对的主要
是"事"，也就是社会"事理"的研究。经过以上分析我们不难看出，
实验教学不是理工科的专利，而是面向高等教育实践教学的最为有效
的教学手段。或者更为明确地说：实验教学是实践教学体现于特定学
科和专业具体实施的手段。

（二）文科实验教学法探讨

《中华人民共和国高等教育法》对于高等教育任务的表述是："高
等教育的任务是培养具有创新精神和实践能力的高级专门人才，发展
科学技术文化，促进社会主义现代化服务。"要完成这样的任务，高等
学校的教学就必须以理论结合实践。在文科教学中，实践的环节除了
校外真正的社会实践，只能是通过传统意义课堂的实验教学来实现。
于是这种在封闭教室的空间中进行的教学，能否称其为实验教学，就
取决于所采取的教式和与之相应的方法内容。这样的教学模式需要符
合文科实验教学必备的三个环节，即目标定位—手段选择—施教控制。
在这里，"目标定位"是预设学生应该掌握的某项知识技能或工作方法；
"手段选择"是知识、技能、方法掌控的具体信息传递方式，这种方式
决不是教师单向的说教式传授，而具有明显的"活动教学"特征；"施
教控制"是指教师针对教学过程控制的课程设计。通过对教学的目标
设定，选择重点和难点，经过发散的联想思维和严密的逻辑推理，将
实验的内容提升到相应的理论高度。

历史的经验值得注意。尽管杜威的实用主义教育理论颇具争议，

但他的"活动教学"理念对于文科实验教学还是具有重要的理论指导意义。在"活动课程"中思维习惯和能力的培养是被提到极其重要地位的。杜威认为思维是经验中智慧的表现，思维的过程一般包括5个步骤：（1）疑难的情境；（2）确定疑难究竟在什么地方；（3）提出解决问题的种种假设；（4）推断每个步骤所包含的结果，看哪个假设能够解决这个困难；（5）进行试验，证实、驳斥或改正这个假设。思维的作用就是依据上述的步骤，将经历的模糊、疑难、矛盾或是混乱的情况，转为清晰、连贯、确定、和谐的情况。他认为教师应当提供"经验的情境"，引导学生在参加活动过程中，提出问题、解决问题。教学的艺术是要使新问题的困难程度足以激发思想，或者由于提供新的因素，引起疑难，从而使学生得到启发，进行创造性思维，培养学生独立解决问题的能力，而如果过分重视知识材料的积累，对思维的发展只能起破坏的作用。

　　显而易见，就文科实验教学自身的理论探索而言，目前还找不出比杜威在"思维习惯和能力的培养"教学方面更为明确的表述。因为"杜威的教学思想具有坚实的教学实验基础"。这种立足于教学实验基础的思维过程5步法，至今还在美国高等学校的文科实验教学中运用，同时还具有广泛的社会运用基础。杜威"做中学"[①]的教学观念，成为其教学思想的基本原则。这一点在艺术学科艺术设计专业的教学中体现得尤为明显。具有设问、讨论、评价、答疑、讲授、总结等多元信息传递与互动的"WORKSHOP工作坊"，就是一种适合文科在传统课堂中进行的典型实验教学方式。这种方式在欧美的艺术设计专业教学中被广泛应用，被证明是一种行之有效的适合文科的实验教学方法。

---

① 杜威. 民主主义与教育［M］. 王承绪译. 北京：人民教育出版社，1990：1.

当然在文科实验教学的实际运行中，还有不少问题需要去探讨和研究，尤其是适合不同专业的具体的实验教学形式与方法。但有一点是可以肯定的，那就是教学的形式要符合于社会现象运行的现状，能够产生引发信息互动的环境，从而展开对于"事理"的探讨。对于文科的实验教学来讲，最重要的是在不同场所进行教学的课堂上，营造能够引起信息互动的环境体验氛围。教师的作用在于控制环境体验中氛围"场"运行程序的节奏，并适时从理论的高度进行总结，从而达到实验教学的最佳效果。①

三、教学方法构建与实施——以体验式教学为例

针对人文学科的专业特点和不同阶段培养目标需要，各高校对文科实验教学方法进行了大量的研究与创新，从教与学互动的角度上看，无论何种实验方法（模式），其目的都是令学生在实验现场获得与社会实践相同的体验。因此，营造体验氛围，强化体验觉知，升华体验感悟是文科实验教学法的基本内涵。下面以体验式教学法为例，通过对其特征、内涵、应用与实施策略的全方位分析，诠释教学法应以学生为主体的教学理念，以期为创建多元化文科实验教学法提供借鉴。

---

① 郑曙旸. 关于高等学校文科实验教学的思考［J］. 首届高等学校实验室工作论坛论文汇编，2007：903-907.

（一）体验式教学的特征

所谓体验式教学，就是指在教学过程中，根据学生的认知特点和规律，通过创造实际的或重复经历的情境和机会，呈现或再现、还原教学内容，使学生在亲历的过程中理解并建构知识、发展能力、产生情感、生成意义的教学观和教学模式。这种教学模式不同于以传授知识为主的传统教学模式，通过教师主导，学生主体的形式，让学生在真实或虚拟的环境中通过体验去感知、理解、领悟、验证教学内容，使学生在获取知识的同时做到观念、判断、技能的自主形成与主动掌握。体验式教学模式具备以下几个基本特征：①

1. 亲历性

这是体验学习的本质特征。亲历不同于亲身经历，它包括实践层面的亲历和心理层面的亲历。实践层面的亲历，是指主体通过实际行动亲身经历某件事，如角色体验、劳动体验、体验探究等；心理层面的亲历，是指主体在心理上虚拟地亲身经历某件事，包括对别人的移情性理解和对自身的回顾与反思。体验式教学主张在教学活动中，学生不再是被动的知识接受者，而是从行为和感情上直接参与到教学活动中来，通过自身的体验和亲历来建构知识。

2. 个体差异性

主体间存在种种差异，他们水平不一、兴趣爱好各异，对事物的理解不同，体验也各不相同。即便对于同一事物，不同的主体也可以以不同的方式去亲历，得到不同的认识，产生不同的情感。正因为主体的体验存在差异，他们之间才有交流和分享的必要和可能。不同的方式、不

---

① 辛继湘. 试论体验性教学模式的建构［J］. 高等教育研究，2005（3）.

同的感受、不同的理解，经过交往和沟通能碰撞出心灵的火花。体验式教学特别重视教学过程中师生之间、学生之间的沟通、交流、互动，从而更加凸显学生的主体地位，有助于照顾学生个体间的差异。

3. 缄默性

体验是主体的亲历，主体从体验中获得丰富的内心感受，对不在场的另一主体而言，有些成分是可以言说的，有些则只能意会、不可言传。体验式教学的这一特点使之能够在教学过程中，不仅传授知识，而且传递感悟、体认、精神，有助于学生的全面发展。

（二）体验式教学的内涵

体验式教学借鉴哲学、社会学、心理学、教育学等最新研究成果，依据现代教学理念和教学手段，形成了有别于传统教学方式的新型模式。体验式教学与传统教学相比，不是简单的教学方式的改变，而是将认知过程与情意过程融合与统一，在教学目标、教学主体、教学内容、教学过程、教学方法、教学手段、教学评价等方面都具有综合优势。具体表现在以下几方面。

1. 教学目标

体验式教学的目标不仅仅局限于将高校学生培养成为熟练掌握一定知识和技能的知识精英，而是关注学生生命的完整性、独特性、生成性、自主性，关注学生的精神成长与人格健全，致力于将学生塑造成为既有丰富知识，又有高尚人格的完整的人。当今时代，我们面临着知识爆炸和信息技术革命，这导致教师不再是知识的垄断者，教师讲授也不再是学生获得知识的唯一途径；学生面临的生存环境更为复杂，单靠高学历和高智商难以应对；社会对学生的认可更为多元化，知识技能以外的其他方面，如品质、情商、素养等有时显得更为重要。体验式教学的目标更为适合当今社会对高等技术应用性人才培养的需要。

2. 教学主体

在体验式教学中，教师是引导者，学生是学习的主体。体验式教学强调学习者积极主动地参与，没有这种参与，就不能产生任何体验，更谈不上学习过程的完成。体验式教学中的师生关系是通过交往、对话、理解而达成的互动关系，而非传统的"授—受"关系。学生在体验中，再没有那种被动、压抑、被钳制的感觉，增强了参与学习的愿望与热情，通过渐进的探索，学生的独特性、自主性得到充分的发挥，真正凸显了学生的主体地位。

3. 教学内容

一方面，由于传统教学模式过分注重间接经验，忽视直接经验，使学生远离了真实生活世界，远离实践，这从源头上减少甚至剥夺了认识主体"原体验"的机会和权利，教学内容架空于学生的生活与经验。而体验式教学可以弥补传统教学模式这方面的不足，它强调通过自身的体验和亲历来建构知识。研究表明："阅读的信息，我们能记得百分之十；听到的信息，我们能记得百分之二十；但所经历过的事，我们却能记得百分之八十。"源自直接体验而获得的知识掌握的效果更好。另一方面，体验式教学的教学内容更为宽泛，它所具备的亲历性、个体差异性、缄默性的特征，使其传授的教学内容可以涵盖知识与技能、过程与方法、情感、态度与价值观诸多方面。

4. 教学过程

传统课堂教学过于注重课程的知识结果，漠视学习过程内在的丰富性、多样性和生成性，本该鲜活、生动、充满意蕴与创造的教学过程因此变得空洞抽象、沉闷枯燥。体验式教学将教学目的蕴含于体验过程之中，不只注重学生获得知识的对与错这类有形的结果，而更加注重学生对过程的主体性体验，对生命成长的意义的领会，注重给完美人格的养成提供更多机会、更大空间。知识与情感在体验式教学中融为一体，互相促进。这也正体现了现代思维的特点——注重结果更注重过程。

5. 教学方法

传统的"注入式"教学模式是以"传递—接受"的单向过程进行知识传授，其局限性十分突出，在高等院校教学中尤其如此，容易导致照本宣科，难以激发和保持学生的学习动力，对学生的思考和探索缺乏启迪作用，在开发和培养学生的相关能力方面尤显不足。体验式教学的教学方法是开放性的、灵活多样的，即为多种教学方法的综合应用。它强调教师融于学生之中，现实融于情境之中，知识融于思考之中，快乐融于体验之中。它通过创设情景、提出问题、学生参与、教师点评等环节的体验设计，从个人发展和团队建设两个方向切入，强调"从做中学""从体验中感悟"。它通过情境模拟、角色扮演、实战实训、主题游戏、案例研讨、小组讨论、辩论竞赛等多种课堂教学形式和实地参观、专题讲座、知识大赛、实践操作、企业实习等多种课外学习形式，以及教师指导、学生参与、师生互动等多种教学方法，使学生不断保持学习热情和兴趣，充分开发和挖掘创新思维的潜能，锻炼和培养多方面的能力。

6. 教学手段

体验式教学将传统和现代教学手段综合运用，既有口授和板书，又可借助多媒体、网络平台、计算机模拟技术、模拟沙盘等，实现课堂教学的情景化、模拟化和教学内容的形象化，扩大媒体的教学信息量，更新教育教学内容，提高教育效率。

7. 教学评价

传统的评价模式把学生以课堂学习为主的学业成绩作为评价的唯一尺度，考试制度便成为对学生进行评价的一种根本性教学制度。这种用一种标准、一把尺子的评价模式不仅不能真实全面地反映学生的知识、能力和素质状况，而且还压缩了学生对新知识学习的思维过程，导致学生只重视知识的结论，一知半解、似懂非懂，造成思维断层，降低了教学的质量，同时也不利于培养学生的分析问题和解决问题的能力、口头表达和书面写作的能力、动手能力和创新能力。相比之下，体验式教学的评价模式更具优势。体验式教学的评价模式一方面从注重结果评价转化为注重过程评价。它更关注学生的心理历程、情感交流与理解沟通而不仅是知识的增减，更关注教学的互动过程而不仅是知识授受结果，更关注师生在情境中参与的程度而不仅是结果的正误。另一方面由单一的评价标准转化为多元化评价标准。不仅考查学生在学业方面的成绩，而且通过建立新的评价指标和改革评价方法，对学生的能力和素质进行评价，全面反映学生的真实状况。评价方式也呈多样化，不仅包括量的评价，还包括质的评价，考试方式也采取多种形式。评价的功能由侧重甄别筛选转向侧重学生的发展，不仅重视学生解决问题的结论，更注重学生得出结论的过程，使评价起到激励导向和质量监控的作用，实现全体学生的发展以及学生个体的全面发展。

（三）体验式教学的作用

1. 有利于加速知识、经验的转换

学以致用是传统教育的一个难题，原因之一是学生很少有应用知识解决实际问题的场所、时间和机会。体验式教学的优势在于，它为学习者及时提供了一个运用知识的空间，使学习者成功地进入活生生的语言表达和思想交流之中。学生在传统课堂教学中不断接受知识、积累经验，但是这种知识和经验往往是平面的、抽象的，难以内化为学生独特的知识和经验结构。这就需要在认识主体与认识客体之间建立一个通道，这个通道就是体验。通过这个通道，认识主体就能够比较快地进入到认识对象之中，从物境到情境再到意境，有所感悟。也就是说，体验式教学打破了学习中机械孤立的学习状态，促使学生在解决问题时能综合运用已有的知识和经验，从而获得新的结果和感受。[①]

2. 有利于创新、实践能力的培养

创新是高等教育的基本要求，创新精神和实践能力培养是高等教育的核心，体验是创新精神和实践能力得以产生的中介。体验是相当个体化的心智活动，它总是与个体的自我意识、情感、态度和价值观密切相关。在积极的体验中，个体可以充分摆脱外界的束缚，不断产生新的联想和想象。也就是说，体验式教学可以帮助学生养成创新意识、创新思维和创新习惯。没有体验，学生就容易失去自我；没有体验，感知就不会深刻；没有体验，就不会有自我的建构；没有体验，就不会有创造的发生；没有体验，实践不会得到深刻的反思，实践能力自然也不会得到长足发展。因此，体验式教学有利于创新精神和实践能力的发展。

3. 有利于综合素质的提高

素质是指人的发展程度，是个体内在的身心特点。它包括个体的

---

① 杨通宇. 体验教学的理论研究 [J]. 当代教育论坛, 2006（4）.

智力因素、文化因素和情感因素等。素质构成了教育的基础和条件，是个体身心发展的重要前提。素质形成和发展的过程是个体知、情、意、行的统一，是内在世界的改变和发展。只有当主体对客体产生了感受、领悟、内心反应，客体才会真正进入主体的内心结构，与主体发生融合，在主体的内心世界扎根，从而促进主体素质的实质性发展。体验就是主客体融合的中介，体验的本质特征是亲历性。只有亲历，才能触动人的心灵深处；只有触动心灵深处，才能产生情感、生成意义、发展素质。因此，体验是素质形成和发展的前提条件。体验通过改变个体的内心结构而实现个体素质发展，所以，体验式教学更加有利于学生综合素质的提高。

4. 有利于激发学习兴趣

体验式教学为寓教于乐开辟了新思路。"乐"并非教师单方面制造乐趣，而是学生通过参与教学过程主动体会到乐趣。"乐"包含两层含义：一是指教师把传授的知识融入到能激发学生兴趣的教学方法中去，使教学过程像娱乐活动一样吸引人；二是指教师通过调动学生学习的积极性，将被动学习变成主动掌握的过程，使学生明确学习的目的，并体验到学习的成功与快乐。

（四）体验式教学的实施

1. 体验式教学的实施条件

体验式教学作为一种创新型教学模式，必将改变高校现有的人才培养观念和形式，促进教学水平和办学效果的提升。然而，任何一种新的教学模式的产生与应用都有其历史背景和实施条件，体验式教学应先在实践性强的学科和专业试行，并且要求教师不仅具有扎实的理论功底，还要拥有比较丰富的实践经验，以及熟练的现代教育技术技能；学生具有较强的参与意识和分析与解决问题的能力。首先，学校应在资金、设施上给予一定的配备，保证体验教学的实施；能够制定和实施全过程、多元化的师生评价体系。并且在教学中，注意体验式与传统式教学模式的结合使用和合理过渡，从而保证体验式教学取得更好的成效。①

其次，正确认识并定位体验学习的作用。体验学习在有效促进学生发展方面有着不可替代的作用，但并不是所有的学习领域和学习主题都需要用体验学习方式来进行，每一种学习方式都不是孤立存在的，而是交织在一起的，例如，体验与合作、体验与探究等。因此教师要善于整合多种学习方式，根据教学内容，依据恰当、合理的教学目标，整合适当的教学资源，引导学生在自主获取知识与技能的同时，学会学习，并促进形成正确价值取向。转变观念，适时指导，体验学习的特点决定了学习者在体验过程中的感受及感悟的独特性和自我性，对于学生的不同感受，教师要以宽容的心态去面对，切忌主观地将学生的体验感受引入自己的思维定式。教师的作用在于积极观察，认真引导，并善于捕捉最佳契机，推波助澜，引导学生来印证并提升自己的感悟和体验。合理利用各种资源支持体验学习。体验学习的方式是丰富多彩的，在教学实践中，教师要善于利用开发和整合各种课程资源，为实现学生有效的体验学习提供多种途径。

最后，必须改变旧的评价方式，确定合理的评价标准，选择不同的评价方式。创新是素质教育的本质。应该理性地对待分数，提高非智力因素在评价中的地位，尤其是体验在评价中的地位；应该建立教

---

① 张荣. 体验式教学的创新性与实施条件 [J]. 吉林省教育学院学报，2007（11）.

师外在评价与学生内在评价相结合的评价体系，彻底改变应试教育的弊端。必须认识到，没有体验，学生就容易失去自我；没有体验，感知就不会深刻；没有体验，就不会有自我的建构；没有体验，就不会有创新的发生。

2. 体验式教学的实施程序

教学模式的操作程序是指教学在时间上、空间上展开的逻辑步骤以及每个步骤实际操作的主要做法等。任何教学模式都有一套独特的操作程序，当然，操作程序只能是相对稳定的，而不是僵化的和一成不变的。根据体验式教学是为了培养"完整的人"的教学目标，我们提出了"入境激情—对话移情—探究动情—实践纵情—评述析情"的五段教学模式。

第一段，入境激情。教学活动是在一定的教学情境中发生的。教学情境是教师和学生有意识、有目的、有计划地选择、设计、构建的适合于教学目的、教学内容、教学手段的物质环境、心理环境和教学氛围。"教学活动的成效取决于主体与教学情境相互作用的性质。"因此，教师要借助生动有效的教学情境充分激发学生的求知欲望、学习兴趣和学习热情，将学生引入教学情境，使学生在教师的作用下发挥自主性，将被激发出来的积极情感贯穿到学习过程中，把学习视为自己的需要，积极主动地参与教学活动。只有让教学活动一开始就充满了一种体验的快感，增强学生的投入感和参与感，才能使学生产生求知的欲望和兴趣，为教学活动的继续展开并取得成效打下基础。由此可见，创设适当的教学情境和合理激发学生的情感尤为重要。

第二段，对话移情。学生有了学习兴趣、求知欲望，进入教学情境之后，教师要善于在教学情境中与学生进行有效的对话。"对话就是教师和学生双方理解的过程。"对话也促进了，移情即感情移入，是在人际交往中人们感情的相互作用。师生间的平等对话促进了彼此的相互理解，有利于双方将积极的情感移入教学过程，并获得初步的愉悦感受。对话也是教师对学生进行有效引导的过程。教师要在对话中教会学生学习，提高学生的学习能力，给予学生学习的思考武器。如果缺乏学习方法的指导，有的学生会探究无路，无处下手；有的学生会因方法不当而探究失败。这势必会使学生产生失败感、挫折感、无助感，进而影响学生继续探究的信心。同时，"对话是探索真理与自我认识的途径"。学生在对话中产生积极情感，充分发挥自己的主观能动性，将外在的学习方法指导、思维方式引导以及自己对外部世界的感知逐步内化，从而清醒地认识到自己的知识和能力水平，为下一步主动探究做好准备。

第三段，探究动情。要充分发挥学生的主体作用，将学法指导落到实处，并使学生通过亲身经历、亲身感受认知周围的事物，学得更有个性，就要让学生主动探究。学生在前一阶段学法指导和思维方式引导的基础上探究问题，既有规范性，又有灵活性。探究的过程是学生主体与知识、环境客体相互作用并产生悟性的活动过程。学生在前两个阶段的基础上，在探究知识的过程中，对知识的获取有强烈的欲望，达到了"动情"的状态。因此，在这个过程中，学生既习得了知识，掌握了方法，又使情感得到升华，发挥了主观能动性。每个学生都有所收获，有所发展。

第四段，实践纵情。要使学生熟练地掌握探究习得的知识和选择适合自己的学习方法，对自己所学知识加以证实，将所学知识加以合理应用，还得通过实践练习方能达到这一目的。由于学生的知识和能力水平存在差异，所以在实践练习中教师要对学生进行一定的指导，做到"扶放"结合，对水平高的学生着眼于"放"，对水平低的学生着眼于"扶"，对中等水平的学生着眼于"半扶半放"。学生在实践的过程中，如果对知识的理解、掌握和应用都达到了质的飞跃，那么学生就有了成就感和成功感，就会产生一种"高峰体验"，就会尽情抒发自己的情感，达到"纵情"的状态。在这个阶段中，既使学生熟练地掌握了所学知识，又培养了学生的实践创新能力，还进一步陶冶升华了学生的情感。

第五段，评述析情。学生通过前几阶段的学习，获得了知识，丰富了情感，锻炼了能力，但教学过程并没有结束，还得有"评述析情"这一阶段。评述即评价概述，包括教师对学生的评述、学生之间的评述和学生自我的评述。其中应发挥学生的主体性，以学生的自主评述为主。通过评述，学生认清自己的已有水平，发现自己的不足并找出差距，为下一阶段的学习打下牢固的基础。在评述过程中，学生会产生各种各样的情感感受，积极的情感感受会唤起学生更大的学习热情，使学生好学乐学，大多数学生都会有这样的感受。当然，个别学生也会因学习不顺而产生消极的情感感受，产生厌学情绪。师生要对这些情感感受的来源、强度和持久性进行分析，使学生处于良好的情绪状态之中，不受不良情绪的影响。因此在"评述析情"的过程中要做到客观公正，同时又要求教师给予学生更多的鼓励，使全体学生都能积极乐观地投入到新的学习活动之中。该阶段要注意以下问题：①

第一，创设真实问题情境。真实的问题情境对于学习者来说是十分重要的，因为它能使学习者进行真正有意义、有目的的行动，并在这一过程中掌握解决该问题的适当方法。教师可以运用各种多媒体交互技术（如视频、超文本），为学习者提供一个复杂的学习环境，并由此鼓励学习者对知识进行积极探索。除了直观手段的运用外，还可以

---

① 曹石珠. 论课堂教学的体验缺失及其矫正[J]. 教育科学，2004（1）：514.

利用实验演示的方法来创设问题情境，鼓励学生在对实验的观察中发现问题、提出问题，激发他们寻求问题答案的动机。

第二，引起兴趣，激发解决问题的动机。学习动机是激发个体进行学习活动、维持已有的学习活动，并使学习行为朝向一定目标的一种内在过程或内部心理状态。学生的学习活动离不开学习动机在其中的调节。心理学家认为，学习动机越强，有机体学习活动的积极性就越高，从而学习的效果越佳。在教师的引导下学生进入已创设的问题情境中，发现、提出有待于解决的问题，这些问题是学生在彻底融入问题情境后所提出的，其兴趣不言而喻。

第三，学习主体的切身体验根据库伯的体验式学习的四阶段模式，第一步应该是具体的体验，即感觉阶段。学生在强烈的兴趣推动下去自觉参与实践，教师要给予适当的指导，但不应有过多的干涉，让学生充分发挥主动性和积极性，在实践中探究此领域及相关领域的知识，大胆地提出假设和解决方案。这样，既帮助学生学到了知识，又可以培养学生的创造性。全身心的投入使学生不会分散学习探究的注意力，学习效果比讲授法更好。

第四，实践情境检验。学生在经过对事物的亲身体验后，已对该事物形成了自己特有的认识，这种认识也许是肤浅的，因此这时有必要将形成的新概念付诸实践来检验。教师创设必要的条件让学生投身实践，检验概念的合理性，从而对概念的正确性与合理性做出判断。正确的概念经过检验能加深学生对此概念的认识，错误的概念经过检验予以抛弃。之后学生可以用正确的概念和认识来解决实际问题。

第五，总结评价。经过前几个阶段的体验和实践后，每个学生对体验活动有不同的认识和体会。有必要将这些认识和体会加以总结评价，可以让学生进行自评与互评，说出对自己和他人的看法；也可以最后由教师进行总的评价，对频繁出现的问题加以解决。这样的评价有助于学生认识自己的不足，看到他人的长处，起到互相促进的作用。教师的评价要做到客观公正，主要对方法进行指导并说明产生问题的原因，旨在培养学生的实践能力。

3. 体验式教学的实施策略

第一，处理好体验式教学与其他教学方式之间的关系。应该看到，体验式教学并不排斥或否定课堂教学的其他形态，而是强调各种形态的优势互补，使它们有机统一于现实的教学过程之中。任何教学法只有顾及学生的精神需要，充分调动他们学习的积极性，才能取得理想的效果。体验式教学法不能排斥理论。强调体验，并不是排斥理论学习。体验是为了说明、理解、运用理论，理论学习是必不可少的，理论是指导实践的工具，没有理论的指导就像在黑暗中摸索。①

第二，做到形式与内容的有机统一。我们教师应该树立形式是为内容服务的思想，在教学实践中，做一些有关体验式教学思想的尝试。为了学生知识能力的提高，应不拘一格地运用现代教育方法，根据新课改规定的新内容选择新的教学方法，用新内容、新方法培养一代代新人。形式要紧密联系学习内容，精心设计，周密组织。形式要能引起学生的兴趣，又要能使学生通过形式理解学习内容，达到学习目的。结合学科特点，探索休验学习的切入点和不同的操作模式，体验学习绝不是离开学科知识与技能的掌握与训练，而是要改变学生获得知识与技能的途径和方法。离开学科知识与技能去体验，是徒劳而无实效的。学科特点不同，体验学习的方式也不同，这就需要教师研究本学

---

① 王学东. 体验式教学模式的构建与实施［J］. 乐山师范学院学报，2009（6）：131-133.

科的课程标准，明确学科特点和目标。积极探索体验学习的适应性和不同的操作模式，既保证体验学习的时效性又保证体验学习的多样性。学习方式改革，考核方式也要改革，不能还停留在考查学生对理论的记忆上，而是要考查学生的思考能力、分析能力、解决问题的能力。只有考核内容变了，才能让学生彻底改变学习方式，教师改变教学的方式。

四、北京联合大学"跨专业综合集成实验教学模式"

（一）背景

为什么要创设"跨专业综合集成实验教学模式"？如何发挥文科综合类实验教学平台的示范作用？如何将文科综合实验教学的效果发挥到最佳？文科中心以人才培养需求为出发点，以解决人才培养中存在的问题为突破口，探索跨专业综合实验教学模式的可行性。

1. 跨专业知识和能力融通的需要

根据当前社会对人才的需求和大学生就业的形势，尤其对于文科专业学生而言，很多岗位需求的并不是单一专业能力，而是要求具有多专业综合知识和能力的人才，这就需要高校在人才培养过程中创造机会，让更多的学生能够得到跨专业综合训练的机会。①

---

① 　孙纯学，白德成，高若宇. 高校文科跨专业实验教学中心的建设［J］. 实验室研究与探索，2009（3）：174-177.

　　比如，历史学（文博方向）专业的学生，对于一个地区历史文化的发掘有其独特的专业功底，但是，如果这个地区希望依托当地的自然景观，发掘历史文化遗产，开发一个旅游景区，这样一个综合性的需求，需要的就不仅仅是具有历史学（文博方向）专业知识和技能的学生，还需要其他专业学生的参与合作。因此，学校在实践教学过程中就会引入资源环境与城乡规划管理专业学生、广告设计专业学生、新闻传播专业学生来参与。另外，如档案专业的核心专业技能是培养学生修复档案、保护档案、管理档案和应用档案，由于所有的档案都会与某个专业领域密切关联，因此在实践中，文科中心就尽可能地将档案专业的学生与相关专业的学生结合，创造档案专业学生与相关专业学生合作，进行某一专业领域档案管理的训练。如让档案专业学生参与法学模拟审判，可以训练档案专业学生了解司法审判案件档案的形成过程，促进学生学会整理、保护、管理司法审判案件的档案，同时也提高了法学专业学生在完成模拟审判后加强档案建立和保护的意识与能力。

　　通过这些跨专业的合作实践，能够帮助学生将自己所学的专业知识和技能与其相关的其他专业知识和技能进行融合，促进本专业知识和技能的应用水平，更有利于学生将专业技能在跨专业实践中灵活运用到不同的现实需求中去。[①]

　　2. 团队精神与协作能力培养的需要

　　现在的大学生基本上都是在独生子女家庭成长起来的，这种成长环境使学生先天缺失合作、包容和团队意识，但当今社会极其强调人

---

① 顾基发，刘怡君，牛文元. 社会复杂问题与综合集成方法［J］. 科学中国人，2010（9）：17-19.

才的团队精神和协作能力。①另外，在我们传统的课堂理论教学中，主要以理论知识传授为主，很少顾及学生团队精神和协作能力的培养，而实践教学为培养学生的团队精神和协作能力提供了一个更适合的空间和平台。虽然各个专业自身的实践教学环节也能有针对性地训练和培养学生的团队精神和合作能力，但参与跨专业综合实践项目的学生来自不同专业、不同班级，需要学生突破专业界限，加强彼此间的深度沟通，通过共同设计项目、相互配合，才能共同完成跨专业综合实验项目的任务，这就增加了学生相互交流、融合和协作的难度与深度，把团队精神和协作能力的培养提升到了一个更高的层次。②

3. 文科学生综合实践能力提升的需要

文科综合实验教学与各文科专业实验教学的主要差异就是前者强调提升文科学生的综合实践能力。③什么是综合实践能力，学术界和教育界都没有统一的界定。我们所倡导的和希望培养的学生"综合实践能力"，是指在掌握本专业基本应用能力的基础上，具有一定的跨专业拓展能力、不同专业间的融通能力、实践环节上的协作能力、多专业的综合应用能力和一定的创新能力。正是基于这一定位，我们在文科综合实验教学体系的构建中，就创造性地设计了"跨专业综合集成实验教学模式"，这一模式是在各个专业学生完成各自独立的专业实验教学和训练的基础上，通过精心设计跨专业综合实验项目，让不同

---

① 路德维希·胡贝尔. 通识教育与跨专业学习 [J]. 北京大学教育评论，2007（10）：92-186.

② 何林锦，翟云波，李彩亭等. 项目式实验教学模式及其可行性评价方法 [J]. 实验室研究与探索，2010（2）：94-96.

③ 杨林，李伟，李宏. 综合集成战略：地方高校实现跨越式发展的现实选择 [J]. 清华大学学报（哲学社会科学版），2009（6）：70-74.

专业的学生共同参与，达到培养和提升文科学生综合实践能力的培养
目标。①

（二）"跨专业综合集成实验教学模式"的实验项目

"跨专业综合集成实验教学模式"主要通过跨专业综合集成实验项
目来实现。跨专业综合集成实验项目是指由一个专业为主导，设计一
个可以由多个专业学生共同参与的实验项目，该实验项目既有总的实
验目标，每个不同专业的学生在该实验项目中，又有各自不同的实验
目标。各个专业的学生需要相互配合，相互衔接，共同完成实验项目。
目前，学校依托文科中心这个实验教学平台，开发和实施了以下几个
跨专业综合集成实验项目。

1. 历史文化资源旅游开发综合集成实验项目

历史文化资源旅游开发综合集成实验项目是以历史学专业学生为
主体，吸收资源环境与城乡规划管理、广告学、新闻学等专业的学生
共同完成，集历史文化资源挖掘、旅游景点规划设计、营销策划、宣
传报道等为一体的综合实验项目。该实验项目主要在具体的实验景点
完成勘察、调研之后，回到非物质文化遗产保护与利用实验室、三维
仿真实验室、现代广告设计实验室完成实验项目。

2. 模拟审判综合集成实验项目

模拟审判综合集成实验项目是以法学专业为主体，吸收历史学、
新闻学、档案学、计算机等不同专业学生共同参与，各学生充当不

---

① 杨积堂，张宝秀. 文科跨专业综合集成实验教学模式创新与探索：以北京联合
大学应用文科综合实验教学中心为例 [J]. 实验技术与管理，2011（9）：4-6.

同角色，发挥各自专业特长，在同一案件、同一场景下共同完成模拟法庭、新闻采编、档案管理的综合实验项目。为了进一步吸收更多专业的学生参与模拟审判综合集成实验项目，在案件选取和模拟审判的角色安排上，向更多专业扩展。比如，计算机软件著作权案件的模拟审判，原告角色和被告角色由计算机专业的学生担任，法学专业的学生担任诉讼代理人，这样在模拟审判中，就把计算机专业的学生吸收进来了。而且为保证模拟审判的顺利完成，需要作为计算机专业学生的原、被告分别与自己的法学专业代理人进行充分的沟通和协作。再如涉及文物侵害案件中，可以吸收历史学（文博方向）专业的学生参与；涉及新闻报道的侵权案件中，可以吸收新闻学专业的学生参与。

3. 档案保护与管理综合集成实验项目

在档案保护与管理综合集成实验项目中，主要是以档案专业学生为主体，分别针对不同行业和类型的档案保护与管理，吸收不同专业的学生参与。比如，涉及历史档案保护与管理的实验，就吸收历史学专业的学生参与；涉及法律档案的保护与管理的实验，就吸收法学专业的学生共同参与；涉及影视档案保护与管理的实验，就吸收新闻专业的学生参与。这些综合实验，都是在档案保护与管理实验室完成，只是实验的对象不同，参与实验的学生不同。

4. 文化传播综合集成实验项目

文化传播综合集成实验项目，是以新闻学专业学生为主体，吸收历史学、法学、外语、公共事业管理等专业共同参与，设计与非物质文化遗产传承与保护、旅游资源发掘与宣传、社区文化传播与展示等有关的实验项目，使相关参与的学生从不同的角度为实现文化的有效传播而协作完成相应的实验项目。

5. 大学生创业综合集成实验项目

大学生创业综合集成实验项目，是各个专业学生自主选课，不同专业学生均可共同参与的创业综合实验项目。该项目主要在创新创业指导教师的指导下完成，在整个项目实施过程中，完成从创业指导、创业项目论证选择、创业计划撰写、创业计划展示、创业企业运行模拟等诸多环节。不同专业的学生可以结合自己的专业设计不同类型的创业项目和创业模式。通过该综合集成实验，可激发学生的创业意识，指导学生了解创业的基本流程，培养学生在创业中的责任意识和不同角色定位，锻炼学生在创业中的合作精神。

6. 大学生职业素质训练综合集成实验项目

大学生职业素质训练综合集成实验项目，是针对大学生的就业需求，训练学生适应现代职业要求的综合素质。项目主要从办公模拟、职业礼仪、沟通技巧、谈判艺术、时间管理等方面进行综合实验训练，面对所有专业开放选修，每一个实验项目小组可由任何不同专业的学生随机组成，这样既模拟了现实就业中从学校进入社会的角色适应过程，也通过不同专业陌生学生的组合训练，增强了职业素质训练的效果，促进了大学生职业综合素质的提升。

上述这些综合集成实验项目，只是文科中心开展的一部分项目，而且每个项目在具体实施当中所包含的内容在不断地变化。总之，任何一个综合集成实验项目都要实现有多个专业学生参与，从多个专业角度相互协作，实现综合训练。

（三）"跨专业综合集成实验教学模式"的运行保障

由于跨专业综合集成实验项目涉及不同专业，如何保障不同专业学生在同一时间完成实验教学和训练活动，成为这一实验教学模式得以正常运行与实施的难点。文科中心从制度、时间、管理与经费上给予了充分保障。

1. 制度保障

北京联合大学要求每一个文科专业，必须牵头开设一个综合集成实验项目。目前，北京联合大学正在制（修）订人才培养方案，明确要求每个文科专业将综合集成实验项目纳入人才培养方案中，并且明确这个项目主要面向哪些专业。综合集成实验项目主要面向三年级学生，为2学分，所有文科专业学生都必须选修。

2. 时间保障

北京联合大学自2005年开始实施"15+2"的教学运行模式，即每个学期上完15周的理论课程以后，所有专业集中开展2周的实验教学。这种运行模式，保证了不同专业的学生能够在这2周的集中实验教学时间里，共同参与1个综合集成项目。

3. 管理保障

在项目管理上，跨专业综合集成实验项目由文科中心统一协调管理。每个项目采取项目指导小组制，项目小组由项目涉及专业的指导教师共同组成，牵头专业指导教师担任项目组长，负责组织项目具体实施。项目指导小组负责设计项目指导书、项目任务书、项目实施方案、项目实施目标、项目成果完成方式、项目角色设置、项目考核机制等。文科中心为项目实施给予协调和组织，并负责对项目实施的质量进行监督考核。

4. 经费保障

文科中心给予每个实验项目一定的经费支持，主要用于资料印刷、调研交通补助。在教学工作量的计算方面，给每个指导教师乘一定系数，提高教师积极性。通过上述保障措施，保证了"跨专业综合集成实验教学模式"的顺利实施和良好运行，并在运行过程中不断总结经验，进一步改进实验教学管理，逐步提高综合实验教学水平和质量。

（四）"跨专业综合集成实验教学模式"的运行效果

"跨专业综合集成实验教学模式"是根据文科中心"人文综合、文理交融，学以致用、实践育人"的教学理念和培养复合型应用性人才的定位，并依托文科中心这个综合实验教学平台，通过大胆探索开发出的实验教学模式。学生参与这种综合实验项目的热情非常高，不仅扩展了学生的知识领域，而且培养了学生的沟通能力、协作能力、综合应用能力及创新精神。以文科中心2010年组织的"胜芳镇历史文化旅游开发综合集成实验项目"为例，该项目组织了档案管理、历史学、广告学、新闻学、英语和资源环境与城乡规划管理共6个专业的学生，赴河北霸州胜芳镇进行为期3天的实验教学活动。历史学专业学生对胜芳镇的民俗和非遗项目进行深入调研，档案学专业学生与民间音乐会传承人共同制定古曲谱修复方案，新闻学专业学生拍摄与制作胜芳镇旅游宣传片，广告学专业学生设计、制作广告宣传手册，英语专业学生将胜芳镇旅游宣传片与广告宣传手册译成英语，资源环境与城乡规划专业学生则与胜芳镇有关部门一道共同编撰旅游规划。学生在各自完成分工任务的同时，精诚团结，友好合作，使得此次综合集成实验活动取得了圆满成功。在谈到参加活动的收获时，学生表示在整个调研过程中，不同专业的同学要相互配合，团结协作，针对同一个问题从自己的专业角度提出相应的解决办法，大家共同去完成一件事，共同去解决一个问题，培养了团结协作精神，锻炼了理论联系实际的能力，把书本死知识变成了解决实际问题的能力，提高了交际能力和动手能力，还激发了学习热情，培养了创新精神。这种实验教学模式不仅促进了学生之间相互交流合作，提升了学生的综合实践能力，同时也促进了各个学科之间的交流与合作，使不同学科教师在跨专业综合实践的过程中，在专业领域合作和交融方面碰撞出了火花，为科研领域的跨专业融合与项目合作也起到了明显的促进作用。

第七章

文科专业群综合实践教学考核评价

综合实践教学的评价是实践教学质量保证的重要手段。实践教学考核评价指标体系是检验实践教学质量的评价尺度。文科专业群综合实践教学的考核评价方法从三个方面进行：学生考核评价、教师考核评价、教学成效评价。

一、文科专业群综合实践教学考核评价作用与目标

（一）文科专业群综合实践教学的特点

实践教学环节是文科专业各教学过程中的关键环节，包括实验、实习、实训、社会实践、课程设计、学年论文、毕业论文（设计）等主要环节。综合实践教学，广义上是运用系统论的思想将实践教学的各个环节有机组合在一起；狭义上是指具有一定总结性、聚合性的集中实践教学活动。本章涉及的是后者。

文科专业群综合实践教学是打破人文社科类专业传统实践教学活动彼此隔离状态，文科多学科、多专业综合集成实践教学的系统化实践教学活动。其教学目标是让不同学科专业的学生共同参与到实践中，在实践中既提高学生各自的专业应用能力，又培养学生从不同的专业视角来看待问题和解决问题，提高协作能力，培养团队精神，也增强了学生综合素质。

为加强综合实践教学过程管理，规范实践教学活动，保证和提高综合实践教学质量，对综合实践教学环节制定科学的、可操作的办法显得尤为重要。

（二）文科专业群综合实践教学考核评价的作用

考核在综合实践教学活动中起着指挥棒的作用。考核的方法、

手段、内容对教学目标的实现和教学活动的开展有很强的导向作用，它直接影响教师的教学内容、教学方法和学生的学习方法与思考方式。

文科专业群综合实践教学是相对于单一专业自成体系的实践教学而言，此项教学改革与研究还处于起步阶段，还没有形成系统性的研究成果。综合实践教学环节考核存在着一定的问题：考核模式不能正确、客观、全面地评价学生的学习成果。实践教学的考核多以报告的方式进行，由于实践内容大致一样，报告也千篇一律或大同小异，使考核流于形式；实践教学缺乏严格的考核体系和考核量化标准，使学生有蒙混过关的心理；考核效果不明晰，不能准确地反映学生的实践教学环节中的动手能力、创新能力及团队协作能力等。

因此，为了充分发挥考核评价的作用，应根据文科专业群综合实践教学的特点建立科学、客观的考核评价体系，建立可操作的、多样化考核量化标准。

（三）文科专业群综合实践教学考核评价的目标

任何一种评价工作都必须确定科学的评价目标。只有确定科学的评价目标，才有可能对评价对象进行全面的评价。文科专业群综合实践教学的考核评价，必须紧紧围绕着实践教学的根本目标。美国著名教育评价专家斯塔弗尔比姆指出："评价最重要的意图不是为了证明，而是为了改进。"评价最重要的目的在于促进评价对象素质的提高。

布鲁姆和加涅认为学生评价目标的基本领域包括认知、情感、技能三大领域。我国工程教育学者王沛民先生认为高校课程教学目标应包括知识目标、技能目标和品行目标。知识包括事实、概念、原理和程序。技能包括知的技能、行的技能、控制自我的技能和控制他人的技能。品行包括个人世界观、品德、品格和气质。这个评价标尺同样适用于综合实践教学的考核评价。①

二、文科专业群综合实践教学考核评价体系

（一）综合实践教学考核评价体系的内涵

所谓实践教学评价体系，就是针对实践教学的各个方面、环节，在系统调查和描述的基础上，对其设计、规划的内容和实施过程、效果等方面满足社会和个人需要程度进行分析、判断、归纳所采取的方式方法的总称。它是实践课程评价的重要组成部分。综合实践教学考核评价体系的建立是以让学生懂得怎样学习和怎样思考，提高学生专业技能的掌握和知识应用能力为目的，不仅要注重学生的学分考核成绩，还要通过营造环境改善学生学习态度，调动实践课程学习积极性，培养学生基本信息素质和沟通交流能力，培养学生掌握学科基本知识与专业核心应用能力和职业素养，培养学生跨学科沟通能力、团结协作精神和实践创新能力。

实践教学考核评价体系的建立应包括考核的主体、考核目标、考核内容、考核方式、考核标准以及成绩评定等。

① 王沛民，顾建民，刘伟民. 工程教育理念和实践的研究［M］. 杭州：浙江大学出版社，1994：258-271.

（二）构建综合实践教学考核评价体系的原则

构建稳定、科学、合理的实践教学考核评价体系，必须坚持具有可操作性、多样性、方向性、时效性、整体性的原则。

1. 可操作性

可操作性主要是指实践教学考核评估指标的可行性。可操作性原则要求我们构建的实践教学考核体系可以实际操作，而不是脱离实际的空中楼阁。综合实践教学是真正的课内与课外相结合、理论与实践相结合、教师主导与学生主体相结合、教师指导督促与学生模仿探究相结合，其具体实践形式、活动内容丰富多样，像对待传统课堂教学那样完全采用书面、笔试的方式进行课程成绩评定是不现实的，也会严重影响教学效果。综合实践教学考核体系的构建必须充分考虑各实践教学形式的不同特点，分别设计安排由哪些考核主体、对什么考核对象、针对哪些考核项目和内容、依据什么考核要求、做出哪些等次的考核成绩，并能够使教学考核切实发挥应有的积极作用。

2. 多样性

多样性原则要求实践教学考核主体、考核方式、考核项目等应丰富多样，为促进综合实践教学考核目标的实现创造积极条件。

（1）多元化的考核主体。综合实践教学重在培养学生个体对知识的体验和实践技能的提高，学生通过在实践过程中的亲身感受，与教师、其他学生的交流、讨论，与社会有关单位、个人的接触、对话，形成对自己的评价、对其他学生尤其是小组内其他学生的评价、对教师的评价。同时，院系领导、教师、社会有关单位和个人通过观察、交流形成对学生的评价、对教学各方面情况的评价。最后，将学生个人、班级或小组内其他学生、院系领导、教师、社会有关单位和个人的评价综合起来，形成对某个考核对象的考评结果。

（2）多样性的考核方式。综合实践教学活动形式、内容丰富多样，单一的书面、笔试的传统考核方式已不能适应其需求，应在发扬书面考核方式的优点的同时，积极探索其他形式，实现考核方式的多样化，以使考评结果更加合理。建议采用活动记录、活动总结、分析报告、论文等书面方式和口头测试、现场考核、各方评价等综合考核方式。

（3）多种类的考核项目。考核项目应该涵盖综合实践教学活动的整个过程和结果，可以是参与教学活动的时间长短或次数多少、主观态度与客观表现、活动效果、各类书面材料的质量、综合印象等。

3. 方向性

方向性原则是指通过评价内容和标准的制定、评价过程的侧重、评价结果的肯定与否定等推动教育活动贯彻国家的教育方针，进而满足社会需求，保持良性发展的方向。

实践教学评价活动的实践证明：实践教学评价内容与活动水平有赖于教育活动开展的背景与水平，而评价也对实践教学活动发展方向起着强化作用。

方向性原则要求实践教学评价活动与实践教学评价研究要给教育活动以符合国家教育方针、政策的导向。要做到这一点，评价的各个环节都同样重要，如评价目的、评价标准和内容、评价信息的收集方式、收集何种信息，以及评价结果的呈现等。实践教学评价活动作为一个整体对实践教学活动起着导向作用。

4. 时效性

时效性原则指实践教学评价过程应根据评价的目的与内容、评价对象的具体情况、具体的社会背景等做出切合实际的评价计划，采用适宜的评价方法使评价能有效地对实践教学活动提供指导与帮助。也就是说，从实际出发，以取得实效为目的，考虑评价过程。

在制定评价标准时，既要体现社会对实践教学活动的要求，也要考虑评价对象的背景及现有水平；在制定评价计划时，要考虑评价对象的现有状况及心理状况，采用适当的评价策略作为计划的依据；选用评价方法也要根据评价目的、评价活动实施的环境，评价技术采用的可能性等进行综合考虑，尽量选用适宜可行的方法。至于采用动态评价或静态评价、进行单项评价或综合评价、采用定性评价或定量评价等，均要依据教育活动与评价的实际需要而定，以最大限度发挥评价的效用为原则。

5. 整体性

整体性原则要求在考核评价时不能只考虑学生最后取得的课程成绩，而是必须进行整体化、体系化的评价。文科专业群综合实践教学涵盖文科专业需要的全部技能、知识和相关能力，从基础技能、专业技能、岗位技能到创新创业技能的考评缺一不可；人文专业能力的培养是一个渐进深入的过程，要重视专业技能起点到终点之间发展的渐进过程，由浅入深，从易到难，从认知实践、模拟实训、岗位训练、毕业论文再到工作岗位的职业技能不间断的考核。考核评价的价值功能包括：道德情操、健康的身心素质、较强的社会交往能力和社会适应能力。

（三）综合实践教学考核评价体系的建立

1. 评教与评学相结合

教师和学生是实践教学过程中的两个最重要的组成体。教师评价和学生评价在实践教学考核评价体系构建中同样不可或缺，可采用评教与评学相结合考核方式取代单一的教师评价，多角度、全方位评价，避免教师单一评价的偏颇，从而保证最终评价结果的公正性与科学性。"评教"从教师的实践教学思路、实践教学手段、实践教学技巧、实践工作态度等方面进行评价，不仅可以提高教师的实践教学质量和教学水平，还可以强化实践教学的最终效果。"评学"从学生的知识应用熟练程度以及基础技能、业务技能、综合技能的掌握程度来进行。同时，教学主管部门还应对学生的实践活动及其实践报告进行抽查，根据抽查情况评价学生的实践成绩和教师的教学情况。

2. 量化考核与模糊评价相结合

定量评价是采用数学的方法，对收集到的实践教学数据资料进行统计处理和分析，对评价对象做出定量结论的价值判断。随着教育统计学、教育测量学、教育实验学、教育评价学和模糊数学的发展和完善，在教学评价上，定量评价越来越受到人们的重视，得到越来越广泛的应用。对学生的实践学习考核的定量要求，如实践学时、操作完成时间、实验实训报告字数和格式、报告上交时间等。

定性评价指不采用数学方法，而是根据评价者对评价对象平时的表现进行观察、检查和记录或根据文献资料进行分析，对评价对象直接得出描述和判断。对学生的实践学习考核的定性要求，如实践态度、实践收获、实践报告的真实性及质量、实践过程中对规则、规程的遵守情况等。

3. 过程评价与结果评价相结合

过程评价是指在综合实践教学活动各环节进行过程中，对实践、实验、实训活动本身的效果所进行的价值判断，过程评价也可对学生在实践各环节的具体表现进行评价，包括实践态度、实践参与度、实践过程中的知识发现、实践职业素养等评价。其目的是为学生和教师提供连续的反馈，以调节实践教学活动和过程，保证实践教学目标的实现。过程评价是提高教学效率的有效途径。通过各教学环节的评价，可及时获得教学结果的评测与反馈，使学生及时得到有关自己实践中的问题。

结果评价是指在综合实践教学活动各环节完成后，对学生的最终实践学习成果做出的价值判断。结果评价通常表现为书面形式的实践教学的成果如论文、社会调查报告、实习报告、分析报告、活动记录、活动总结等。

（四）综合实践教学考核评价体系的组成

完整的综合实践教学体系应包括综合实践教学的目标体系、内容体系、实现途径体系、管理体系、考核评价体系这五个要素体系。考核评价体系是综合实践教学体系的子系统，它是要解决在操作层面如何确定学生的课程成绩、如何对教师进行考核评价的问题，是衡量教学效果的重要标准，它包括综合实践教学的考核主体、考核目标、考核内容、考核方式、考核标准以及成绩评定等。其科学构建对于推进综合实践教学改革、保障实践教学质量、提高学生实践能力是非常必要的。

综合实践教学考核评价体系有四个二级子系统，即实践教学目标的达成、对学生学习考核的评价、对教师的考核评价、综合实践教学成效评价。四个二级子系统各有自己的考核点，这些考核点构成了综合实践教学考核评价系统的三级子系统。

表7-1 综合实践教学考核评价内容体系

一级系统	二级系统	三级系统（考核点）	评价内涵
综合实践教学考核评价体系	实践教学目标的达成	基本目标	该专业学生必须通过的技能目标，是学生必须达到的合格性水平测试，是本专业的起点和从事专业活动的基础，所有学生必须熟练掌握
		发展目标	发展目标则是具有选拔性的考核目标，能选拔和发掘在本专业中有良好发展基础，突出的职业素养，具备社会和学生自身良好发展前景，通过努力，学生将来会在该领域有所建树的平台，不要求人人达到，优秀学生可以通过努力达到
	对学生学习考核的评价	专业学习能力评价	基本信息素质，实际操作能力和实战能力，专业核心应用能力，职业素养
		专业协作能力评价	沟通交流能力，跨学科沟通能力，团结协作精神和实践创新能力
		成绩考核评价	平时成绩主要包括学生参与课堂，教学实践活动的出勤、踊跃程度（参与、发言的次数），认知能力，每学期参与公益性活动的次数；期末考核学生掌握基本概念、基本理论知识、基本方法的情况；重点考核学生对实践课程所要求掌握的知识的灵活应用能力以及分析解决实际问题的能力
	对教师的考核评价	教学能力评价	实践动手操作能力，清楚如何指导学生实践课程，在实践教学中适当进行回顾和总结，经常更新教学内容、方法，及时把最新行业知识引入到实践教学中，积极参与到与企业的产学研合作中；实践指导示范能力；实践反思能力；实践创新能力
		教学方法评价	是否适合学生提升应用能力的目标
		教学态度评价	积极参与，认真指导；应对环境和高强度工作

续表

一级系统	二级系统	三级系统（考核点）	评价内涵
综合实践教学考核评价体系	综合实践教学成效评价	文科专业群综合实践教学本身的评价	包括：综合实践教学开展情况（基础实验、专业实验与研究创新型实验）、师资配备数量质量、综合实践教学平台建设（包括校内实训基地、实验室建设、校外实习实训基地稳定性和资源丰富性）、实践教学管理体制、规章制度、实践教学投入和教学效果等评价
		教学环节观摩评价	基础平台课程建设和专业应用系列实验室空间布局；拓展创新实践和跨专业综合集成式实验教学项目的学科间交叉融合
		校外实践基地指导教师的评价	校外实践教学基地的领导重视实践教学基地，基地具备实践教学条件和管理环境，学生能有效参与实践活动，能顺利完成实践教学计划；校外实践教学基地指导教师具有相应专业技术职称，能对学生实践教学进行指导；每学期或每学年有固定专业的学生进行实践教学活动
		学生学习效果评价	通过综合实践，个人能力、团队交流合作能力，学生个人综合素质得到拓展

三、文科专业群综合实践教学考核评价内容

综合实践教学的考核评价范畴包括对学生学习考核的评价、对教师教学的考核评价和综合实践教学成效的评价三部分。

（一）对学生学习的考核评价

其主要内容有：一是平时成绩。主要包括学生参与课堂，教学实

践活动的出勤、踊跃程度（参与、发言的次数），认知能力，每学期参与公益性活动的次数等。二是期末考试。学生通过一学期的课堂理论学习及课堂实践活动的参与，对本门课的教学内容有了较系统的了解和掌握。教师则通过期末闭卷考试的形式考核学生掌握基本概念、基本理论知识、基本方法的情况。三是综合实践的考核。重点考核学生对本课程所要求掌握的知识的灵活应用能力以及分析解决实际问题的能力。

　　教师在考核评价时要注意学生自我评价与小组评价相结合，教师评价与学生评价相结合，过程评价与结果评价相结合。以过程评价为主，重点评价学生参与过程、团结协作精神、科学探究精神，发现问题、分析问题、解决问题的能力以及组织管理能力等。考核评价时要注意科学合理，尽量做到公正客观。

表7-2　考核评价表

序号	评分项目	评分标准		赋分范围
		A	C	
1	开题、调研、项目实施计划论证（满分10分）	对研究题目理解准确到位，文献资料收集全面，调研具体，有很强的资料归纳能力；开题报告质量高；项目实施计划论证严谨、科学，分工合理	基本理解研究题目，能进行基本的资料收集和调研工作，并对资料进行归纳；开题报告基本规范；项目实施计划基本可行，分工基本合理	A≥9 7.5<B<9 6≤C≤7.5 D<6

续表

序号	评分项目	评分标准		赋分范围
		A	C	
2	综合运用所学专业知识的能力（满分35分）	能够很好地综合运用所学专业知识进行专题研究，研究方法得当，数据采集、计算、处理正确无误；具有较强的实际动手能力和解决问题的能力；能在指导教师的指导下，高质量完成任务，能实际运用并产生较好的效果	能够运用所学专业知识进行专题研究，研究方法基本得当，数据的采集、计算、处理基本规范；有一定的实际动手能力和解决问题的能力；能在指导教师的指导和协助下，按计划完成专题成品	A≥31.5 26.5<B<31.5 21≤C≤26.5 D<21
3	完成的工作量、工作态度（满分20分）	工作量饱满。具有较强的团队合作意识，高质量按期完成分配的任务；积极参加团队的定期交流和讨论活动；虚心接受教师的指导，工作严谨、勤奋；严格遵守纪律规范	工作量基本达到要求。有基本的团队合作意识，能按进度要求完成任务。经常参加团队的交流和讨论；基本能遵守纪律规范，工作态度表现一般	A≥18 15<B<18 12≤C≤15 D<12
4	基本概念和基本理论（满分15分）	基本概念清晰，基本理论扎实，对相关专业法规、规范和标准把握较好，并能很好地运用于专题研究；分析、处理问题科学	对基本概念、基本理论以及相关专业法规、规范和标准有基本的把握，并能运用于专题研究	A≥13.5 11.5<B<13.5 9≤C≤11.5 D<9

续表

序号	评分项目	评分标准		赋分范围
		A	C	
5	综合实践报告质量（满分10分）	综合实践报告格式规范，结构完整；思路合理，层次清晰；专业术语准确规范，文字流畅，论述条理性强，结论严谨合理，图表设计美观实用，质量高	实践报告格式基本规范；报告结构完整，文字通顺有条理，专业术语运用较为准确；结论正确；图表设计质量较好	A≥9 7.5<B<9 6≤C≤7.5 D<6
6	创新意识（满分10分）	完成的实践活动成果有一定实用价值；工作有创新意识，对前人工作有改进、突破，或有独特见解	提出了创新性设想，但尚有未解决的问题	A≤9 7.5<B<9 6≤C≤7.5 D<6

（二）对教师教学的考核评价

教师是实践教学的主导，是实践教学活动的指导者、组织者与实施者。对教师考核评价的形式主要有教师自我评价、学生对教师的评价和教师之间或来自校外实习基地的评价。

对教师的考核评价内容上包括教师的教学能力、教学方法和教学态度等，主要看是否有详细规范的实践教学方案、实践教学任务是否完成、实践教学内容是否适当（教学内容的选择必须具有开放性，要有广阔的视野）、教学设计是否合理（是否严格按照实践教学的教学计划开展教学活动、实践教学活动的组织是否到位等）、实践教学方法是否适合学生提升应用能力的目标。

教师自我评价可通过实践教学工作总结等方式进行。学生对教师的评价主要项目有教师在实践教学中所发挥的作用，如实践教学的组织能力、与学生有效交流的能力、奉献精神等（包括对实践教学具体实施方案的设计、引导；参与学生活动的次数；对学生调查报告的指导及对调查报告的阅读批改等），或可通过召开座谈会、问卷调查、网上评教等方式进行。

教师之间的评价可以是教师之间互相听课、评课，也可以由教研室组织，结合教研活动来进行。

文科专业群综合实践教学基于产学合作项目，对教师考核评价内容主要有：（1）依托产学合作项目，设计实践项目，教学设计是否合理，是否有详细规范的实践教学方案；（2）对学生就项目资料的收集、研究方法与写作等进行指导、提出意见，教师对学生全程指导、督促检查，指导效果对学生有帮助；（3）实践教学方法是否适合学生提升应用能力的目标；（4）获得学生和产学合作方一致好评，并为在学院和产学合作方单位之间建立友好协作长效机制、保障综合实践教学效果做出努力。

（三）综合实践教学成效的评价

综合实践教学是一种复合的教学活动，它的成效应体现出实践教学的终极目标——促进学生的综合能力、素质提升。学生有无进步或发展是对大学有效教学质的规定，学生进步或发展的程度是对大学有效教学量的把握。[①]综合实践教学的成效是学生经过实践教学的学习

---

① 姚利民. 大学教师有效教学论［M］. 长沙：湖南大学出版社，2008：8.

后，在思想、知识、能力等方面的变化，达到一个应用的水平。实践教学的成效最终取决于学生知识的掌握和素质的提高，将实践教学实施过程中学生的表现、得出的结论与实践教学所预期达到的目标和要求进行比较，是评价实践教学成效的重要环节。

实践教学的成效评价就是测量、解释、判断实践教学效率、效益和效果，判定学生对实践教学需要被满足的程度，判定学生在思想、知识、能力方面变化的程度和应用的水平的高低。实践教学成效性的衡量标准应更多地从学生的学习程度与学习结果，诸如问题解决、批判性思考、有效交流、团队工作等高层次的能力来确定。但是，实践教学的影响具有长时性、过程具有复杂性，还需要从过程上加以控制，才能确保实践教学的效果。

具体而言，可从几种路径进行实践教学的成效评价：

一是对文科综合实践教学本身的评价，这种评价可来自教师、学生和校外基地专家。评价内容包括：综合实践教学开展情况（基础实验、专业实验与研究创新型实验）、师资配备数量质量、综合实践教学平台建设（包括校内实训基地、实验室建设、校外实习实训基地稳定性和资源丰富性）、实践教学管理体制、规章制度、实践教学投入和教学效果等。

二是教学环节观摩评价，由督导专家、研究人员和学生实施。督导专家和研究人员通过观摩几个教学环节，实际观察教学的过程、教师的教学行为和学生的反应，并做好记录、得出结论；学生在教学环节结束后，依据自身的感受，对教师课堂教学情况做出回忆和评估，或提出看法和意见。

三是校外实践基地指导教师对实践教学的评价。实践教学不同于校内的其他课程，学生参与实践与校外接触非常多，教学质量的评价中，校外专家、同行、实习基地人员、实践过程中的当事人的评价也十分重要，他们的评价从另一个角度反映了实践教学的开展情况。校外实践基地对参与实践的学生的表现所做的评价，是实践教学区别于其他课程评价的重要特征，也是实践教学开放性原则的重要体现。

四是学生学习效果评价。对学生学习效果的评价主要包括：其一是学生参与实践的广度和深度，包括学生对实践教学的重视程度、参与程度的考评；其二是学生参与综合实践后各种能力的提升程度和项目流程的熟悉程度，如应用能力评价（运用知识解决实际问题的能力、处理事务能力、应变能力、交往能力、管理能力及创新能力）；其三是学生参与综合实践后的思想观念、价值理念及对社会认识等的变化程度；其四是学生参与实践后的学术科技成果，包括实践报告的质量、实践后的相关科研成果等。

学生学习效果的评价形式主要有学生自评、学生互评和教师对学生的评价。

学生自评：学生是实践教学的直接参与者和自主学习的主体，学生的自我评价是最基础的一步。学生自评可结合自己的学习态度、参与实践活动的积极性和实践成果等方面给自己做出一个评价，这也是学生自我提高的过程。学生的自我评价可以通过填写事先拟制好的自我评价表进行。

学生互评：综合实践教学环节中往往是学生多人共同参加，各自之间需要分工合作，因而在行动之后，除了学生自我评价外，往往需要其他参加者共同进行评价，一方面指出优缺点，另一方面也是一个共同学习的过程，有极好的教育价值。学生互评可依据实践活动目标，由实践小组成员对每一位成员在实践活动中的具体表现进行评价。

教师对学生的评价：主要考察通过实践教学各环节，学生的专业研修能力是否得到加强，职业道德的困惑能否得以解决或者能够找到一种解决的方法或途径，对专业的学习方法是否有更深一步的了解和在实践中学习到的方法是否应用到其他课程的学习。教师对学生的评价应该把过程评价和效果评价相结合。过程评价是一种动态评价，可以是"日常评价"——学生在实践教学过程中各个阶段的差异进行不同的评价，也可是"阶段性评价"——根据一段时间以来学生的表现，讨论学生的进步与不足，提出下一阶段的指导性建议，阶段性评价在教学中起承上启下的作用，一般至少在学期的1/3或一半时举行一次。效果评价是一种静态评价，根据学生的实践成果，由教师共同讨论，形成统一的意见，由指导教师执笔，对学生做出全面、具体的书面评价并评定等级。

　　文科专业群综合实践教学总目标能否实现，取决于综合实践教学成效，对教学成效考核评价主要内容有：

　　（1）实践教学的目地、内容、组织实施工作符合综合实践教学培养目标；（2）教师积极参与实践教学，能给予学生思考、创新、联想的启迪，师生配合默契；（3）产学合作方对学生实习、实践态度满意，对双方合作关系满意；（4）学生通过综合实践，专业技能、动手操作能力、解决相关问题的能力、团队交流合作能力得到提高，学生个人综合素质得到拓展；（5）实践项目竞赛的获奖、师生在实验教学的基础上发表论文；（6）学生的创业就业能力得到提高。

第八章

文科专业群综合实践教学的
保障机制

文科专业群综合实践教学不仅要有科学的实践教学体系设计和在各专业人才培养方案中的相应落实，还要有支撑文科专业群综合实践教学的教学环境；不仅要建设实践教学管理保障机制，而且要加强实践教学团队建设。

一、实践教学环境

文科专业群综合实践教学不仅在组织形式上要打破专业之间的传统樊篱，引导文科专业之间走向综合、交叉互动、集成融合，而且在教学内容上需要有真实的科研项目作为依托，使不同专业学生在同一项目、同一场景下共同完成各自专业的实践任务，需要综合运用各专业理论知识，扩展学生的知识领域，有利于培养学生的沟通能力、协作能力、综合应用能力及实践创新精神。①因此，文科专业群综合实践教学需要与科研工作及社会实践相结合，深度参与到政府机构、企业的人文社会科学研究和科技开发过程中，积极为社会经济建设服务，形成一个动态开放的实践教学系统。

搭建开放的文科综合性实践教学平台是文科专业群综合实践教学的环境保障，没有一流的文科综合性实践教学平台，就没有一流的应用型文科群。实践教学环境可以分为封闭环境、网络虚拟环境、社会实践环境三种。②封闭环境是指由高校自主建设的校内实践教学基础环境，是具有暂时封闭性、内部循环性特征的实践教学系统内环境；网络虚拟环境是互联网技术发展到一定阶段而与教育事业紧密结合的新生事物，为学生提供的崭新实践教学辅助环境，使教育时空得到了自由延伸，充分发挥了学生学习的自主性、师生之间的互动性；社会实

---

① 郑长江，殷慧芬，张留禄. 应用型工科院校人文社会科学专业实践教学体系构成及优化路径［J］. 职业技术教育，2009，30（11）.

② 张霜. 教学环境构成要素分析［J］. 大众科学，2007（16）.

践环境可使学生获得丰富的社会信息刺激，自觉参与社会信息交换，有利于培养学生处理实际问题的综合智能。

（一）校内实践教学基础环境

受历史原因和思想观念的影响，文科实验教学长期以来一直处于被忽视的地位，没有将文科实验室建设作为一个不可或缺的重要内容做好长远规划，实验教学学时与内容的开设随意性很大，实验教学不规范、管理弱化。随着高校对文科实验教学认识的提高，在资源日益紧张的情况下各学科纷纷追求"小而全"的实验室设置，"不仅实验室难以形成规模，设备更新速度慢、使用率不高，而且难以消除部分实验设备盲目、重复购置、实验经费隐性流失等管理盲点"①。因此，文科实验室建设不能各自为政，要以学科专业群为主构建文科校内实践教学基地。

1. 校内实践教学基地建设的原则和基本要求

（1）校内实践教学基地建设要统一纳入学科专业群建设规划中，要打破各学科专业间的条块分割，避免重复建设，以满足实践教学需要为原则的建设思路，对实验资源进行重组、整合、共享，使文科校内实践教学基地充分体现基础性、多功能性和共享性。

（2）校内实践教学基地建设应与文科专业群培养目标相结合，必须为文科专业群的人才培养服务。一流研究型大学的文科校内实践教学基地要根据学科发展的要求，融实践教学与人文社会科学研究为一

①　杨燕. 对实验课程改革与实验室建设问题的思考［J］. 暨南高教研究，2004（1）.

体，融业务素质教育与创新能力培养为一体[①]；而应用型高校的文科实践教学基地必须突出业务技能训练，适当弱化科学研究性功能，在业务技能熟练的基础上激发学生的实践创新能力。

（3）校内实践教学基地应以学生为主体搭建校内综合实践平台，要尽量缩短学生与就业岗位间的适应和磨合过程，使学生获得接近真实工作环境、工作内容的体验，从而获得不出校门的实践锻炼机会。

2. 多功能校内实践教学基地建设

（1）搭建模块化文科公共实验平台。在文科专业群综合实践教学体系框架下，整合各专业原有教学实验室，改变以往实践教学改革和实验室建设相对独立进行的做法，以文科综合实验教学中心建设项目形式将实验课程、实验项目、实践环节的改革，与实验仪器设备的更新、实验室整合、实验教师队伍建设和实验室管理制度建设结合，统筹规划，搭建模块化文科公共实验平台。[②]文科综合实验教学中心强调实验室内涵质量建设，强调实验室建设要以实践教学改革为中心，以提供学生专业基础能力训练和基本技能的锻炼为主，又紧跟现代社会发展、文化传承、生产管理、科技服务前沿，成为实践训练场所。

（2）构建以专业工作室为主要形式的实景式实践基地。文科类专业属于软专业，实验室建设规模不需要和理工科攀比，更无须建设厂房式实训室。文科专业群应充分挖掘校内各相关人文社会科学研究机

---

① 曾雪丽，冯彦武. 对高校文科实验教学管理的若干思考［J］. 实验技术与管理，2011，28（12）.

② 牛爱芳，钟丽，朱科蓉等. 以文科复合应用型人才培养为核心 加强应用文科综合实验教学中心建设［J］. 实验室研究与探索，2013，32（3）.

构，利用自身优势在校内建设以专业工作室为主要形式的实景式实践教学基地，充分发挥高校理论和科研优势，结合教师的研究方向，让不同方向专题研究工作室的学生参与到企业课题的研究与实践活动中，在完善学生知识结构、提高学生能力结构的同时，为企业提供理论支持、为社会提供咨询服务。如影视动漫工作室既可为学生提供"教学做"一体的真实工作场景，让学生完成新闻短片、微电影和动漫制作等教学实践，也可以通过教师的社会人脉关系实际承揽相关业务，使专业实践具有生产性且与市场衔接。又如旅游策划工作室，可以联合历史学、人文地理与城乡规划、旅游管理等专业的师生，深入挖掘旅游景点的历史文化，共同策划旅游项目。教师开办法律诊所，不仅可以指导法学专业学生为学校师生和社区居民提供法律咨询，而且可以实际代理法律援助和民间纠纷调解案件。

文科专业群可以根据综合实践教学的需要建设媒体工作室、设计工作室、社会工作室等，逐步形成集"产学研"为一体的教学工作室，将课堂、实验室与校内真实工作场所结合起来，在校内实现教学环境与工作环境的对接。工作室本着"以实际人文社会科学研究和咨询服务项目带教学实践"的宗旨，采取项目小组负责制，导师模拟公司管理模式指导工作室运作，通过实际工作让学生加深对理论知识的理解，加强团队协作意识，明确工作流程，强化专业技能。

（3）以就业为导向完善校内创业实践基地的建设。校内实践教学基地不仅应为学生在教师的指导下面向社会参与社会科学研究和咨询服务搭建平台，还应为学生营造良好的创业实践氛围，在实现产、学、研一体化实践教学的基础上，为学生提供创业实践的便利。校内创业实践基地的形式既可以是实践教学基地，也可以是大学生创业基地、大学生创业园等形式。①完善校内创业实践基地的建设，以各种方式指导学生自主设计、创办、经营商业企业或文化创意工作室，为学生从事商务活动、文化创意、成果转让、咨询服务等提供资金信息服务、政策咨询、中介服务，既为高校教授兼顾教书育人、科学研究、社会服务提供了方便，也为大学生创业提供了方便。

（二）校外实践教学基地

从学生的职业认知规律上来看，学生的实践内容由岗位认知到岗位核心技能、职业能力、创业能力。校外实践教学基地是文科专业群综合实践教学、实施实践育人、开展教师实践锻炼和协同创新研究的重要平台，建立稳定的、长期的、覆盖文科专业群的校外实践基地，可以确保文科专业群学生有效完成社会实践、认识实习、生产实习、专业综合实践、毕业实习等多个环节在内的实践教学，培养文科学生的工程实践能力，增强社会责任感、团队合作意识、创新精神和就业能力。②

1. 校外实践教学基地的建设思路

应用型文科专业群校外实践教学基地建设的宗旨在于支持高等学校人文社科类专业与企事业单位、文化团体、人文社科研究院所等全面、深入合作，其基本目标是促进应用型文科专业群的学生把在校内学习的知识和技能应用于社会相关学科部门进行实践提高，培养学生

---

① 　陈坚民. 加强校内外实践教学基地建设打造创业型人才培养实践平台［J］. 实验室研究与探索，2009，28（3）.

② 　王瑞兰. 依托校外实习基地培养大学生的工程实践能力［J］. 实验室研究与探索，2011，30（4）.

的实践能力和创新精神，增强各文科专业人才的综合素质和竞争力。实践教学基地建设在符合高等学校人才培养目标和要求的同时，还要顾及基地单位的实际利益，坚持"资源共享、互惠互利、双向互动、共同发展"的原则，"产学研结合、校政企合作"，充分发挥学校和企事业单位各自的优势，共同培养社会与市场需要的人才，为地区文化事业和社会经济发展服务。但是，文科专业群人才培养目标的软性化不同于理工科对技能要求的刚性化，与理工科相比，文科专业群更需要在实践中培养学生的逻辑思辨、宏观分析和把握问题的能力。[①]这就要求文科专业群的实践教学基地建设要在全方位、多层次、动态平衡、互动共享、不断发展的良性结构中进行统筹规划，建立与政府机构、企事业单位、科研院所、新闻媒体、街道社区、民间团体、农村乡镇等多方位、多角度的长期稳定的合作关系，最大限度地在文科专业群的各专业教育、企事业单位之间相互开放、相互渗透、优势互补、资源共享，形成全方位可持续发展的一个有机整体，实现学校内部各专业共享与社会共享、产学研结合与地方经济发展互动。

2. 校外实践基地的选择条件

在政府机构、企业集团、行业协会等选择建设实践教学基地时，需要考虑以下条件：（1）企事业单位具有独立法人资格、健全的组织机构、完善的管理体系，在本地区同行业中具有一定规模、较高知名度和社会影响，实力雄厚且发展前景好；（2）企事业单位的领导综合素质精良，关心高等教育发展，重视与高校实践教学的合作；（3）企

---

① 龙月娥，徐宗玲. 基于市场需求对接的会计专业学生能力培养："整合思维"植入视角［J］. 教学研究，2013，36（1）.

事业单位有一批具有较强的生产和研发能力、经验丰富、关心教育的专业人才，能够接受一定数量的学生进行实践或实习，提供学生实践所需硬件设备和环境，并能配备实践开发经验丰富的技术人员对学生进行指导；（4）高校与企事业单位具有悠久的历史渊源，双方工作人员沟通顺畅、关系密切、感情深厚，为共同建设实践基地打下了良好的合作基础；（5）企事业单位有稳定的、市场环境良好的产品或项目，能够提供直接来源于实际项目或具有明确的应用背景和实际应用价值或具有一定的社会、经济效益的课题供学生选用。

3. 多元投资的实践教学基地建设模式探索

教育部、财政部将"要加强产学研密切合作，拓宽大学生校外实践渠道，与社会、行业以及企事业单位共同建设实习、实践教学基地"纳入高等学校本科教学质量与教学改革工程。地区政府对本区域高等教育校外实践教学基地建设有整体规划和专项经费支持，并以政策文件颁布及项目实施等形式引导企业主动支持高校实践教学基地建设。鼓励大型企业实质性参与联合办学，对校企联合项目设立专项经费进行支持；鼓励高校面向企业在职职工进行岗位培训，对企业专家承担的授课和专业实习指导等实践教学工作设立专项经费进行支持；鼓励高校专业教师每年去联合办学企事业单位挂职锻炼，对企业接纳专业教师参加实践活动给予专项经费支持。在地方财政支持与地区政策保障下，高校应积极探索多元投资结构的实践教学基地建设模式。

（1）典型的"双元制"共建模式。在国家没有明确出台企事业单位必须承担人才培养任务的政策法规之前，的确有些企业认为人才培养是学校的事，与自己关系不大；有的企业虽然选择与学校合作，但却追求企业自身的眼前利益，只考虑近期企业自身人才需求的目标，或是希望政府给予一定政策优惠。近年来，用人单位对高校毕业生的实践动手能力和实际工作经验要求越来越多，这也促使一些有人才需求的企事业单位愿意与高校合作，联合培养更适应社会需求的毕业生。高等学校也要主动依靠企事业单位，双方共同建立产学研紧密结合的校外实践教学基地。这种"双元制"共建模式由企事业单位和高校联合投资建设学生实践教学基地，双方都要本着合作互惠的原则，共同投入、共同使用、共同管理，合作关系稳定性较强。①企事业单位给学生提供实践或实习项目，营造全面真实的"岗位情境"；而实习生又可以间接起到宣传和广告作用，树立企事业单位良好的社会形象；企事业单位还可以借助高校的师资力量开展合作，相互提供科技与智力支持，开展合作研发，对职工进行继续教育，提高员工的整体素质和企事业单位的综合竞争力。

（2）企业投资赞助模式。在学校资金和场地存在困难的情况下，有远见的企业或企业家通过无偿赞助或半赞助的形式，向学校提供仪器设备或场地，帮助学校建设学生实践教学基地。对于企业投资规模较大的实践教学基地，学校允许企业经过一定年限的有偿服务收回投资，得到可观的收益。②企业投资赞助模式的实践教学基地，可以同时供多家学校共同使用，成为公共实践教学基地，这类基地通常有完善的实践教学方案，配备了实践经验丰富的指导教师，学校只需要把学生和实践教学任务带到基地，教学环节、学生管理等问题均由基地承担完成，但学校要付出的指导费用较高。

---

① 杨艳秋，李伟凯. 地方高校实习基地建设机制与实践教学模式创新研究［J］. 黑龙江高教研究，2012（7）.

② 韩希昌，张玉艳. 校企共建校内实践教学基地的探索与实践［J］. 沈阳工程学院学报：社会科学版，2010，6（2）.

（3）与文化产业集群对接模式。文化产业是被公认的21世纪全球经济一体化时代的"朝阳产业"，十七届六中全会、"十二五"规划纲要明确提出要"推动文化产业成为国民经济支柱性产业"。文化产业集群在文化传承、信息资源、科学技术、人才与政策及相关文化产业要素等资源上充分共享，在某一集中地理区域上形成了资源整合、优势互补和相互溢出效应，有些地区的文化产业集群不仅获得了规模经济效益，也大大提高了整体竞争力。[①]文科专业群要建设全方位、多层次、动态平衡、互动共享、可持续发展的校外实践教学基地，就要与文化产业集群对接协同开展产学研合作教育，要在教育和文化主管部门的宏观政策指导下，构建文科专业群与文化产业集群对接的教育模式，形成符合文化市场经济发展的政府、学校、产业三方良性互动、协同创新关系。

高等学校可以利用人才密集优势，主动配合文化产业集群开展技术研发，以攻关课题/实际项目为主体建立产学研合作工作站，实行"以高校师资智慧换企业资源"的双赢模式。[②]产学研合作工作站是学校与文化产业集群合作沟通的平台，也是文化产业集群中企业间合作沟通和综合协调的枢纽，可以推动多方合作进行技术革新和项目研发，提升整体社会服务能力。同时，以工作站为平台校企可以共同制订人才培养方案，开发工学结合的课程和教材资源；依托工作站，学校可以选派教师到企业挂职锻炼，丰富教师的实践经验。

---

① 黄先开，杨鹏，周华丽等. 地方综合性大学协同型产学研合作教育模式研究［J］. 中国大学教学，2012（11）.
② 成岳，吴彩斌，刘媚等. 实践教学与实习基地建设的探索［J］. 实验室研究与探索，2010，29（10）.

（三）自主实践教学网络虚拟环境

校内外实践教学基地为文科专业群综合实践教学提供了模拟和真实的实践环境，但所提供的实践场地、仪器设备、实验项目和现场指导都是有限的。随着大规模集成电路技术和计算机软件技术的飞跃发展，高等学校可以采用现代化手段在计算机上实现"以虚代实""以软代硬"[①]，搭建以企业真实工作场景、业务处理和实际项目为载体的高仿真综合实验平台[②]，开发文科专业群自主实践教学网络教学资源。

1. 高仿真虚拟实验系统开发

文科专业群普遍建设了基础验证型、专业综合应用型、跨专业综合实践创新型"三层次"的实验教学体系，开发高仿真虚拟实验教学系统针对不同层次力求达到实验教学功能完整、虚实结合。对于基础验证型实验系统侧重于实验前相关知识的辅助学习、实验过程的动态演示、仿真实验与答疑指导、实验提交后的自动批改和实验过程的管理等；专业综合应用型实验系统重点在于搭建高仿真的业务环境，学生可以扮演不同的角色，在既定的规则下参与相应的业务操作，各角色之间能够自由地互动，共同商讨和处理异常事件，充分体现实际业务操作的真实性；高仿真虚拟实验系统针对跨专业综合实践要建立仿真企业库和实际项目库，仿真企业库中不同的企业设置多个不同部门，各部门配备相关专业的学生，实际项目库中的项目则注重各部门和专业间的分工协作，强调在任务实施过程中各专业学生面对面的交流与合作。

---

① 韩芝侠，魏辽博，韩宏博等. 仿真虚拟实验教学的研究与实践 ［J］. 实验技术与管理，2006，23（2）.

② 徐志培，何凡. 高仿真综合实验平台在经管类专业实践教学中的应用 ［J］. 企业技术开发，2012，31（1）.

2. 网络实验教学资源建设

建设网络实验教学资源要从应用型文科专业群人才培养的目标入手，分析实践教学体系和综合实践项目流程，从而确定文科专业群需要的网络课程库、实验素材库、实践教学资源库、成果及评价库的具体内容。实践教学资源库包括仪器设备图片与使用视频库、实验项目资料库、虚拟或仿真实验、实验项目试题库、企业实际课题案例分析等。通过"网络学堂"教学平台可以向学生提供实验教学的项目简介、实验教学大纲、实验教学指导书和实验教学多媒体课件、实验素材等内容，学生能课前预习实验内容、了解实验过程；实验课教学环节中，与教师在网上进行交流互动。[①]网络化的实验教学资源不仅为学生适应学习创造了条件，而且将"工作情景模拟教学法"引入实践教学环节中[②]，激发学生学习兴趣和实践探索精神，对提高学生的实战能力和综合运用知识的能力也起到了非常积极和有效的促进作用。

二、实践教学管理体制

为了满足文科综合实践教学的需要，在整合实验教学内容、构建动态开放的文科综合实践教学平台、改革创新实践教学模式的同时，还要理顺实践教学的管理体制，建立科学合理的实践教学质量保障体系。

---

① 杨煦，刘守合，逯燕玲. Blackboard网络学堂的使用效益分析及提高途径 [J]. 中国教育信息化，2013（10）.

② 逯燕玲，戴红，侯爽. 基于CDIO教育理念的数据库课程实验设计 [J]. 实验技术与管理，2013，30（1）.

（一）管理组织结构

要保证校内外实践教学基地建设，使动态开放的文科综合性实践教学平台建设能够良性发展，首先要健全管理组织结构。高等学校要高度重视地方政府机构、文化团体、行业协会和企事业单位在校内外实践教学基地建设、规划和发展中的统筹、协调等作用，实行教育主管部门和行业主管部门以及相关企事业单位等共同建设实践教学基地的管理体制。要建立由企事业单位、行业专家和学校相关人员共同组成的实践教学指导委员会，逐步形成有效的管理工作机制，共同研究制订文科专业群人才方案和人才培养模式，确保实践教学计划的实施，保证校外实践教学的质量。还要注重构建双方合作共赢的利益驱动机制，高校要日益关注企事业单位的利益，主动为企业提高经济效益、树立良好的社会形象提供科技与智力支持；与文化团体、行业协会和企事业单位共同组建以行业专家为主体的产学研合作专家委员会，保证双向介入产学研合作关系的管理组织结构（图8-1），保障产学研合作关系的健康运行、良好发展和科学管理。

针对文科专业群的跨专业综合集成式实践教学要以项目为载体，需要跨专业组建项目团队、跨部门组织指导教师团队、校内外人才培养基地及项目所属单位的资源调度与管理，各专业学生相互协作共同完成综合集成实验项目，有利于培养学生跨学科沟通能力、团结协作精神和实践创新能力。[1]采用项目矩阵式管理组织结构是现代项目组织结构模式，对协调组织内部成员之间的隶属关系、资源的调度及项目

---

① 　罗勇，王艳瑾. 创新实验项目开放形式，推动实验教学改革：重庆工商大学创设开放实验项目"超市"的探索与实践［J］. 实验技术与管理，2012（3）.

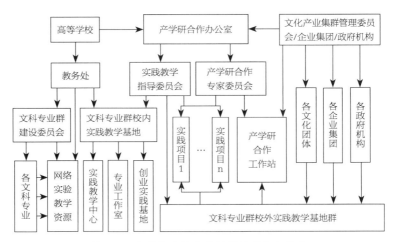

图8-1 文科综合性实践教学管理组织结构

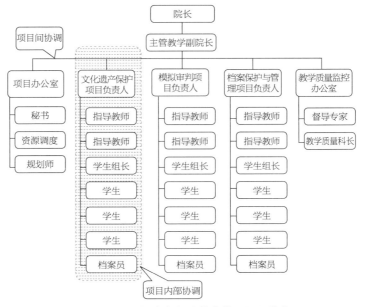

图8-2 项目矩阵式实验教学管理组织结构

目标实现十分有效。①如图8-2所示，在项目矩阵式实验教学管理组织

---

① 刘守合，杨煦，逯燕玲. 应用型文科专业群综合实验教学组织管理体系［J］.
　实验室研究与探索，2013，32（7）.

结构中，项目办公室和教学质量监控办公室由教务处和应用文科综合实验教学中心组成，教务处以行使组织实施、协调监控和督导检查等学校的管理职能为主，应用文科综合实验教学中心主要负责组织协调各专业负责人、校内外实践教学基地探索理论和实验教学方面的改革与创新，策划综合集成实验项目。

（二）管理制度

高等学校要将产学研合作教育作为培养文科复合应用型人才的重要途径，从管理制度上给予相应的保障。为了使产学紧密结合，培养文科学生的实践能力，高校要制定比较完善的实践教学管理制度；为了使学研紧密结合，培养学生的科研意识和创新精神，高校要鼓励教师到行业、企业实践并承担横向课题，制定本科生科研立项、创新学分、实验室开放制度以及科研成果产业化的相关制度。

1. 不断改革创新文科专业群实践教学体系

实践教学具有教学设计、组织实施、质量控制三个管理链条，优化教学设计、细化组织实施、强化质量控制，是现代教学加强实践教学的基本理念，决定着实践教学的成败。因此，教务处要整体规划文科专业群建设，不断整合各专业内部实践教学资源，在教学改革项目中设立文科专业群实践教学改革创新的专项，从制度上保障文科专业群实践教学体系不断优化。

2. 规范日常实践教学运行管理制度

为了实现文科专业群综合实践教学的基本任务，教务处要依托文科专业群建设委员会和实践教学指导委员会审定实践教学计划和教学大纲，对包括实验、课程设计、实习、毕业设计（论文）等实践教学环节提出要求并给予指导，协调校内外各实验中心与实践教学基地在实践教学中的职责，组织检查实践教学任务的落实情况、实践教学管理工作及有关规章制度的执行情况，保障日常实践教学运行管理规范化、制度化。

3. 落实维护和发展与实践教学基地有关的岗位责任

为了校外实践教学基地建设的可持续发展，高校要加强维护和发展与实践教学基地的产学研合作关系，就要加强教学基层单位、相关专业的教师与基地依托单位的联系。学校要在岗位聘任工作中落实相关人员维护与实践教学基地产学研合作关系的岗位职责，鼓励教师充分利用校友、同乡、战友等朋友情感，加强校企之间的情感沟通和信息交流，推动校企亲密无间和友好合作的关系。同时还要聘请基地依托单位学历较高又有丰富实践经验的工作一线的人员到校任兼职教师，共同开发实践课程和实践项目，实现企业直接参与专业人才培养和对学生的实践教学指导，使学生的工程实践能力和创新精神得到切实的培养与提升，并让专家委员会成员、特聘教授和兼职教师享受与本校老师一样的待遇，进一步密切学校与基地依托单位相关人员的相互交往，促进校企合作具有稳固的基础和较高的质量。

4. 保障实践教学的经费投入

实践教学平台建设、开发和维护以及实践教学的开展需要高等学校制定相关制度有效保障所需经费到位，长期坚持一定比例的教学经费投入实践教学、资源优先保障实践教学，不断结合实践教学内容改革，有计划分批次地逐步增加实践教学经费预算，以保障实践教学的顺利开展。即便学校已经建成教学、生产、研发、培训四位一体的多功能综合性实践教学基地，日常实践教学的开展仍然需要一定的设备与材料购买、复印或编写等的经费投入。而网络虚拟实践教学软环境开发和保持可持续使用，更需要学校加大人财物的投入。

当然，高校应探索建立开放透明的共享机制，充分发挥现有实践教学平台的社会效益：对于规模较大、设备精良的校内教学工作室和创业实践教学基地，可签约为政府机构、行业协会、企业等提供产品研发和加工生产场地，使基地与行业紧密地结合起来，积极寻求与社会的合作，提高设备的利用率，将实践教学过程直接转变为价值创造过程，促进教学效果、经济效益和社会效益同步提高。

5. 政策扶持实践创新人才培养

学校为了鼓励学生在校内外实践教学基地进行自主学习实践、开展创新和创业活动，通过面向文科学生的创新实验项目、大学生学科竞赛以及在教授和研究人员指导下从事科学研究和发明创造，制定实验室开放制度、本科生科研立项、创新学分等政策，支持学生自觉锻炼实践创新和创业能力，政策扶持文科专业群实践创新人才培养。

（三）实践教学质量保证体系

教学质量监控是保证实践教学质量的重要措施，对实践教学效果、组织实施、方法流程建立科学的质量监控、过程考核和效能评价体系，才能有效、及时地诊断、调整与更正实践教学过程中的偏差，从而保障和提高实践教学质量。

1. 注重过程和能力考核的实践教学效果考评

在实践教学效果与质量评价方面，要针对不同实验课程、不同实验教学项目制定不同的考评方法，采取多样化的考核方式，实验考核常规化，考核方式多样化，考核阶段全程化，考核目标能力化。文科专业群综合实践教学以实际项目为载体组织实施，学生在项目实施过程中表现出来的分析解决问题能力、创新能力、团队合作贡献程度等都会直接影响项目任务的完成情况，因此，实践教学效果考评应注重对学生完成项目任务的全过程以及综合素质、职业能力、协作精神的考核，构建一套完整的以文科专业群复合应用型人才培养为指导、以项目实施过程为主线、以实践创新能力为核心的教师主评、学生互评、一线技术人员参评的评价体系。

2. 构建"闭环监控、信息开放"式实践教学质量监控系统

构建"闭环监控、信息开放"式文科专业群综合实践教学质量监控系统，由实践教学决策支持子系统、信息收集与反馈子系统、实践教学质量评价子系统组成，如图8-3所示。实践教学决策支持子系统负责下达实践教学活动的计划与目标，在实践教学活动实施过程中不断根据信息处理及时进行组织与调控，并将调控信息及时地送达其他子系统，协调文科综合性实践教学平台提供支持保障；信息收集与反馈子系统利用教务管理信息系统和网络多媒体监控平台收集领导、督导组（包含督导专家、实践教学指导委员会成员和一线技术人员）、教师和学生网上评教信息，利用毕业生信息系统收集用人单位反馈信息；实践教学质量评价子系统通过对收集信息的整理、汇总和综合分析，对教学效果做出比较、判断和分析，形成"领导—专家—教师—学生—用人单位"五位一体的教学质量评价；决策支持子系统再将这种判断分析做出更正偏差、调整计划的决策，重新下达到实践教学过程，信息收集与反馈子系统保持开放式教学信息采集、反馈和查询的信息畅通反馈机制，这样往复循环，从而确保实践教学工作的全过程即时监控，并使教学质量监控工作形成闭环监控系统。

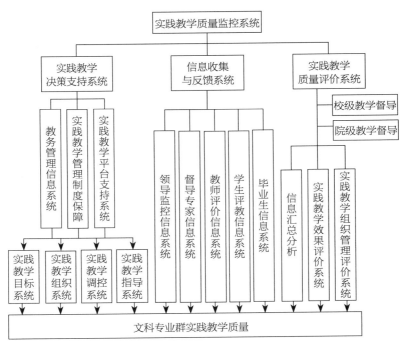

图8-3 文科专业群综合实践教学质量监控系统

3. 实行以提高实践教学质量为核心的"激励"目标管理机制

高等学校不仅要给文科专业群综合实践教学提供专项资金支持，还要成立专门基金——校长基金和创业基金用于实践创新活动的激励和支持。综合集成实践教学的成绩评定按照项目管理规范由指导教师与专家评审组共同审定，在此基础上还出台相应奖励办法、制订相应学分替换方案，对实践教学方面取得显著成果的个人或集体进行奖励，并对学生给予奖学金奖励或实行学分替代。[1]对教师进行薪酬制度改革激励，保证实践教学指导教师享有公平、合理的待遇；在计算教学工

---

① 樊树海等. 实验课创新激励平台开放式成绩评分系统研究与开发 [J]. 实验技术与管理，2011（5）.

作量时考虑实践教学工作环境不确定、工作时间长、工作强度大等因素；对教师与企业合作的实践导向的横向课题给予奖励支持；将教师在跨专业综合集成实践教学和产学研合作教育业绩纳入年终评优考核范围，作为教师职称评定的重要参考依据。

三、实践教学师资队伍建设

（一）面临的主要问题

1. 不适应文科实践教学理念与教育发展

教师对教育教学活动的理念是教师在从事教育教学过程中逐渐形成的理性认识，教育教学理念包括知识观、教学观、质量观、师生观和教育价值观。教师的教育教学观念影响着教师的教学态度，制约着实践教学内容、方法与手段等方面的深入改革。我国文科专业群建设、文科综合实践教学和实践教学基地建设起步较晚，一些文科专业教师的教育教学理念还停留在传统教育模式，教师缺乏实践教学经验，创业和创新教育意识不强，对文科专业群建设、复合应用型人才培养目标、实践课程设置和实践教学方法的研究不够深入，没有完全适应文科实践教学理念与教育发展的要求。

2. 教师队伍结构不能满足实践教学的需要

一些地方院校文科专业群的教师队伍整体结构不合理，专业教师普遍存在实践能力不强的问题，造成教师队伍中从事理论教学的教师较多、从事实践教学的教师严重缺乏。有些传统文科专业教师人数偏多、职称偏高，而学历结构偏低；一些新兴专业教师人数偏少，年轻教师比例过大、职称偏低。骨干教师新老交替面临严峻形势，文科专业群实践教学的骨干教师队伍尚未形成，不能满足实践教学的需要。

3. "双师型"教师数量严重不足

长期以来，文科专业教师多来源于高等学校，虽然学历层次逐年提高，具备高校教师资格，但却普遍缺乏社会实践经验和企业背景。相当一部分文科专业教师的实际动手能力、实践创新能力、现场实践教学指导能力都处于弱势，既能讲授理论课、又能进行实验与实习指导的"双师型"教师数量严重不足，不能有效开发文科专业群综合实践项目，不能有效推进实践教学模式改革。

4. 实践课程开发能力和教材建设水平不高

由于高等学校教师普遍注重理论研究，应用型文科专业群的教师在文化产业技术研发方面少有突破，直接影响了实践课程开发能力和教材建设水平的提高。一些教师虽然科研观念很强，但却把实践课程和实践教材开发与科研分离开来，造成科研定位不准，实践课程开发能力和教材建设水平不高；有些教师又片面认为搞好教学就行了，甚至把教学与科研对立起来，造成争取不到科研项目、很少发表论文、科研成果少的局面，实践课程开发能力和教材建设水平也就很难提高。

5. 培训经费严重不足，培训机制尚未形成

面对师资队伍整体实践能力偏低的现实，高等学校为了提高教师的知识层次、业务水平和实践创新能力，需要选派教师到文化产业一线进行脱产学习实践，由于培训经费严重短缺和教师数量不足等原因，培训机制尚未形成，高校无法对多数教师同时进行培训，师资队伍的建设水平并未发生根本性的变化，无法适应文科专业群综合实践教学与社会需求。

6. 缺乏稳定的兼职实践教师队伍

随着文科专业群综合实践教学改革的不断深入和实践项目的不断增多，仅靠学校现有实践教师远远满足不了实践教学的需要。为此，必须从社会和企事业单位招聘补充兼职教师来满足实践教学需要，提高现场实践教学指导水平。但由于缺乏严格管理制度的约束，兼职实践教师队伍相对不够稳定，在一定程度上影响了实践教学工作的连续性。

（二）师资队伍建设目标

为了保障应用型文科专业群建设和提高实践教学水平，需要建立科学合理的师资队伍结构。文科专业群师资队伍建设的总体目标是：以全面提高教师队伍整体素质为主线，以高层次人才、学科专业带头人、骨干教师和教学团队建设为重，以提高教师实践创新能力和实践教学能力为切入点，以创新教师队伍建设的管理制度和运行机制为动力，以教师队伍的可持续发展为本，努力建设一支师德高尚、素质优良、业务精干、实践能力强、结构合理、富有创新精神，能适应文科专业群发展目标要求和教育教学改革需要的教师团队。

文科专业群实践教学师资队伍建设的具体目标是：（1）根据文科专业群建设发展规划和各文科专业的特点以及人才市场变化情况，合理规划师资队伍的总体规模，对不同专业采用不同的师生比。（2）努力提高教师队伍学历层次、改善师资队伍的职称结构，使实践教师队伍的学历结构、职称结构、知识结构、实践背景等更加合理。（3）加大教师引进和培训经费投入，加强"双师素质"教师培养力度，建设一支校企结合、专兼结合的"双师型"实践教学团队。（4）进一步深化人事分配制度改革，加强高学历、高职称、高技能人才引进工作，创新政策激励机制和制度约束机制，为"高层次人才"创造良好的工作条件。（5）加速教师队伍的知识更新，进一步拓宽相关专业技能知识，培育教师实践创新意识，提高教师的实践能力和社会服务能力。

（三）师资队伍建设的主要途径

1. 重视校企合作平台的搭建，加大教师的培训力度

高等教育是一个开放的、不断更新并与社会紧密联系的系统，培养符合社会需要的复合应用型人才，建立与企事业单位的合作关系非常重要。搭建"产学研"合作平台，不仅是应用型人才培养不可或缺的条件，也是提高实践教学师资队伍建设的最佳方式。首先，教师可以去合作单位一线挂职锻炼，及时掌握行业发展的最新技术、最新工艺和最新动态，熟悉业务环节、工艺过程和实际操作技能，了解行业一线对人才素质、人才知识结构的要求，按照"实践教学工作需要"的原则广泛开展教师工程实践培训，使教师不断学习、更新知识，提高实践教师现场解决实际问题的能力。[①]其次，高等学校还可通过"产学研"合作平台吸收行业一线的技术骨干和能工巧匠来校任教，把生产、服务、管理一线的成功经验引入课堂和实践环节。

2. 建立实践教师团队建设的保障机制

（1）建立实践教师团队建设的工作机制。要形成适合应用型高等教育的实践教师团队，必须建立横向到边、纵向到底的全方位覆盖的实践教师团队建设的工作机制。通过高校人事分配制度、教师聘用制

---

① 彭新一. 文科综合实验教学体系构建研究［J］. 实验室研究与探索，2011，30（10）.

度等相关制度和细化的教师培训优惠政策，来实现实践教师团队建设工作机制的创新。建立以岗位聘用制为核心的用人机制，实行"按需设岗、全员招聘、择优聘用、严格考核、一年一聘"教师岗位聘用制，开创实践教师团队建设工作机制的新格局。

（2）建立实践教学师资队伍的考核机制。合理调整有关人事政策和规定，建立实践教师考核评价体系，对教师参加行业培训的情况做出相应的考核，并与教师职称评聘、职务晋升紧密结合起来，激发教师主动参与行业培训的内在动力，形成教师培训从"要我培训"转变为"我要培训"的新局面。

（3）建立教师继续教育的实践经费保障机制。根据教师继续教育规划设立实践教学师资队伍培训专项基金，选派教师到教师培训基地、国内外职业技能培训机构和行业一线进行培训，使教师培训工作从人力、物力、财力上得到保证，使教师培训从管理手段上得到保证。

3. 加强兼职实践教师队伍的建设

实践教师团队建设应以培训在职教师为主，引进和聘请行业一线专业技术人员作为兼职教师为辅。兼职教师是实践教师队伍不可缺少的组成部分，也是缓解目前实践教师数量不足的有效办法之一。要进一步加强兼职实践教师队伍的建设，具体而言包括：

（1）加强兼职教师队伍的规划和培训。要统筹考虑兼职教师队伍的规划问题，使兼职教师队伍真正起到补充、调整和加强实践教学的作用。兼职教师队伍规划应具有前瞻性和超前性，最好能与校外实践教学基地及其专业技术人员建立长期、稳定的合作伙伴关系，逐渐促使兼职教师队伍年龄结构、学历结构、职称结构和专业结构趋于合理，进而优化整体师资结构。

（2）建立兼职教师师资管理库。学校要建立健全兼职教师管理机构，实施兼职教师统一管理。由于兼职教师来自各行各业，建立兼职教师师资管理库可以把兼职教师的个人信息、兼职教学档案、业务水平等情况进行统一管理，有利于积累和保持一定数量的备选高质量兼职教师，也便于快捷检索和查询兼职教师的个人情况，可有效避免兼职教师聘任中的随意性、盲目性，有利于稳定兼职教师队伍和社会高水平人才资源共享。

（3）强化兼职教师的激励措施。社会高水平人才作为兼职教师，受市场经济的影响，在思想意识方面有一定追求利益和价值的倾向。高校应建立有效的激励措施，来调动兼职教师的积极性和主动性。对业务能力强、贡献大的兼职教师实行多劳多得、优劳优酬的分配制度，对"产学研"合作做出重要贡献或深受师生赞誉的兼职教师，给予科学合理的评价、一定的物质奖励和精神表彰；同时还要对兼职教师在生活上给予更多的人文关怀和必要的感情投入，多倾听兼职教师对学校工作的意见和建议，使兼职教师能够在思想上放开手脚，心甘情愿地为"产学研"合作做出贡献。

第九章

文科专业群综合实践教学的
案例研究——北京联合大学

北京联合大学以"人文综合、文理交融，学以致用、实践育人"为教学理念，强调实践能力的培养要打破专业之间的传统樊篱，引导文科专业之间以及文理专业之间走向综合、交叉互动、集成融合；强调实践能力的培养要围绕区域建设中的真实问题，以应用为本，以能力培养为核心，培养综合素质高、应用能力强、具有创新精神的人文社科类复合型应用性人才。

一、课程体系

北京联合大学主要从以下三个方面来构建文科专业群的课程体系。

（一）基础训练、专业应用和拓展创新三层次实践课程体系

学校的实践课程体系从整体上分为基础训练、专业应用和拓展创新三个层次。

第一层次：基础平台系列实践课程

这一层次是培养学生基本技能和基本素质的平台性实验课程，主要在基础平台实验室实施。主要培养学生一定的沟通能力、写作技能、办公技能、心理调适能力、计算机应用能力等。实践课程主要有：多媒体技术、网页编辑与制作、Access数据库、电子政务、项目管理实务、管理信息系统、公文写作与文件管理、办公自动化实务、社交礼仪、沟通艺术与谈判技能、市场经济与企业管理实务、大学生心理健康与实践、大学生职业生涯规划与实践、大学生KAB创业基础等。

第二层次：专业应用系列实践课程

这一层次是培养学生专业核心应用能力的专业实验课程，主要在各专业实验室实施。课程紧密围绕文、史、法、公共管理类学科专业应用型人才培养目标，深度训练培养学生的专业实践能力和就业能力。专业实验课程形成了多个实验模块：文物保护与修复实验模块、文物

鉴赏实验模块、文化旅游设计实验模块、档案信息化管理实验模块、档案保护实验模块、广告策划与设计实验模块、媒体制作实验模块、摄影摄像技术实验模块、公共管理实验模块、外语交际实验模块、法律实务实验模块等。其中古钱币保护与鉴定、金属文物保护与修复、陶瓷文物保护与修复、纸质文物保护与修复、丝织品与漆器保护与修复、文化遗产展示与体验、缩微摄影复制技术、档案保护技术等实验课程都属于中心开发，具有创新性。

第三层次：创新拓展系列实践课程

这一层次是培养学生综合实践能力和创新精神的实验课程。这个层次的实践课程，可与学科竞赛、本科生科研项目、教师科研项目结合。可以赛带练，或以项目为载体来开展实验。创新实验一般是综合性实验，需要将之前学到的专业知识和能力加以综合运用，甚至需要多个专业来共同完成，有利于培养学生综合解决问题的能力，有利于学生理解和掌握多学科的知识。创新实验一般也是设计性实验，由学生自主设计、自主管理和自主完成实验，有利于激发学生的积极性、主动性和创造性。

（二）单专业系统性、模块化、递进式纵向综合实践课程体系

每个专业不仅都设计有三个层次的实验课程，而且将一年级至四年级所有集中实践教学环节作为一门统一的课程进行整体建设，构建了系统性、模块化、递进式纵向综合实践课程体系。以专业应用能力培养为主线，从一年级到四年级每学年或每学期都安排集中实践教学环节，每个实践教学环节都是一个教学模块，各教学模块相互关联、环环相扣、层层递进、逐步升级、逐步综合。实践的内容从易到难，

实践要求的能力与素质不断提高。纵向综合实践课程体系的建设，防止了各实践教学环节之间的割裂性与互不关联性，把各实践教学环节整合成一个有机的整体，同时各个模块内在逻辑关系清晰，分工明确，落实到位。

例如，人文地理与城乡规划专业开设的城乡规划管理综合实践课程，就是由四个递进式模块组成，具体如下：

1. "城市与区域综合实习"模块（第二学期，2周/2学分）

该模块实习内容以考察、参观、座谈、调查城市与区域的自然条件、城市建设、产业发展、城郊农业、旅游开发、城市商业现状等为主。培养学生观察现象，找寻问题的能力。实习地点多选在中国城市与区域发展速度较快、与北京联系密切的环渤海区域沿海城市，如大连、秦皇岛、青岛、烟台等，与这些城市中有同类专业的高等院校建立了良好的合作关系，在一定程度上依托其在当地的实习基地网络，这样能够保证做到实习内容丰富，实习效果好。

2. "初级专业调研实践"模块（第四学期，2周/2学分）

该模块实践教学开始逐渐从认识实习向工作实习过渡，培养学生针对具体工作任务进行实际专业调研和初步分析的能力。实习内容一般以接受政府部门、校外实践基地企业和其他企事业单位委托的调查任务或参与教师承担的课题做实际调查为主，也包括完成专业安排的调查任务，培养学生针对任务进行调查设计、组织实施和分析的能力。

3. "高级专业调研实践"模块（第六学期，3周/3学分）

该模块实践教学是二年级集中实践教学的延续和提升，实践内容一般是为政府或企业做难度较大、有较高业务知识含量和技术要求的调研任务，或参与教师承担的城市与区域规划方面的课题进行实地调研，培养学生处理问题和制订方案的能力。

4."毕业实习"模块（第八学期，10周/10学分）

该模块实践教学主要是与具体用人单位、合作单位挂钩，教师和企业双层指导，对学生实际工作能力的演练极有帮助，有利于学生顺利走向工作岗位，尽早适应工作岗位的能力和素质要求，培养学生应对问题的综合能力与合作精神。

同时，课程各模块与实施该模块教学前一学年度的专业基础课和专业课紧密相关，理论联系实际，该课程在整个专业培养计划中具有基础性和不可替代的重要性。该课程2～4模块以应用性科研项目引导、承载综合性实践教学任务，实战性和前沿性强，是专业实施产学研结合、实现应用性科研与教学结合系统化的重要环节。

（三）多专业跨学科、集成化、协作式横向综合实践课程体系

经过不断研究、探索和实践，北京联合大学建设了一种集成式的横向综合实践课程，即多个专业学生同时参与一个实践教学项目，或者多个实验室协作完成一个实验项目，以培养学生的跨专业跨学科沟通能力、协作精神和创新意识。北京联合大学的"16+2"式教学计划，即每学期统一安排16周理论（或理论与实践相结合）课程教学、2周集中实验实践教学环节，使得各专业学生有统一时间集中实验，充分保证了上述集成融合式实验教学的有效实施。[①]

"人文北京建设综合实践课程"是北京联合大学开发的一门跨学

---

① 张宝秀，韩建业，杨积堂等. 学以致用　实践育人：北京联合大学应用文科综合实验教学中心建设纪实［J］. 北京教育：高教版，2010（1）：63-64.

科、集成化、协作式横向综合实践课程。该课程安排在第4学期的暑期集中实践周，为3学分、3周。要求每个专业围绕"人文北京"建设中的真实问题，牵头一个真实项目，除了本专业部分学生参与这个项目外，还要吸收其他专业学生来参与。如以北京市海淀区"三山五园"文化园区项目为依托，北京联合大学历史学、新闻学、档案学、法学、英语等人文社科类学科专业，以及地理信息系统、人文地理与城乡规划、信息与通信工程、计算机科学与技术等理科类学科专业，既从各自的专业角度开展实践教学，又以任务为导向，团结协作。与国内高职院校开展的多专业综合实践教学[①]，以及本科层次经管类院校实施的跨专业仿真综合实习[②]相比，"人文北京建设综合实践"具有两个特点：一是实现了多个学科、多个专业协同开展实践教学，而高职院校和经管类院校主要是在一个专业大类或一个学科门类各专业之间实行综合实践教学；二是以真实项目为依托，而经管类院校的跨专业综合实习是建立在教学软件基础上的仿真实践，学生无法接触到真实的社会问题。

目前建设的综合集成实践课程教学项目有：历史文化资源旅游开发综合集成项目、模拟审判综合集成项目、档案保护与管理综合集成项目、文化传播综合集成项目、大学生创业综合集成项目等。这些课程教学项目已列入各文科专业的2011版培养方案。这类横向综合实践课程的实施，有利于文科学生跨专业知识和能力的融通、团队精神与协作能力的培养以及综合实践能力和人文素养的提升。

---

① 沈小平. 高职院校多专业融合综合实训模式研究［J］. 金华职业技术学院学报，2010（5）：1-4.

② 郭嘉仪. 经管类跨专业综合实验教学管理机制的探索［J］. 实验室研究与探索，2011（8）：387-389.

二、实施途径

文科专业群综合实践教学采取了"四结合"的实现路径，即实践教学与理论教学相结合、校内实验与校外实践相结合、单个专业纵向综合与多个专业横向综合相结合、实践教学与应用性科研相结合。

（一）实践教学与理论教学相结合

实践教学与理论教学相结合，可实现理论与实践融通。理论教学和实践教学是人才培养的两个方面，但两个方面不是完全割裂，互不相干的，而是紧密结合，互相支撑。理论教学为实践教学提供知识基础，实践教学有利于深化理论知识。理论知识的学习往往是抽象的、概括的、深奥的，甚至是乏味的、激不起学生兴趣的。尤其是对于普通的地方本科院校学生来说，他们的知识存量和学习能力往往要低于研究型大学，他们的学习动机不足，学习兴趣不浓。如果按照传统的教学模式，一味给学生灌输精深的理论知识，将使他们的学习积极性受挫。与理论教学不同，实践教学是比较直观的、感性的，甚至可以动手去触摸、去操作、去探索，很容易激发学生的学习兴趣和积极性。因此，学生通过实践教学可以把课堂教学中传授的比较抽象的理论知识进行物化和具体化，从而加深对理论知识的理解。如档案保护技术，课堂中会讲授很多对档案造成损害的物理的、化学的、自然的因素，以及可以采取哪些措施来防止这些损害。学生听了以后，一般都似懂非懂。但通过亲手做一些档案保护实验，则会对这些理论知识有更深的理解，也更能激发学生去进一步学习的兴趣。再如法学专业中开展的"嵌入式"教学，是指在理论课程的教学中，对涉及法律实务部分的授课内容，邀请实务部门的专家进课堂代替原任课教师进行讲授；或者邀请学者、实务专家就某课程涉及的理论研究前沿问题以及立法、执法、司法以及企业运作实务等问题的最新法制实践进行讲解。目的是使学生在学校课堂就能接触到法律实务问题，更为直观地感受理论如何与实践结合、理论怎样更好地与实践结合以及法学理论对法律实践的指导意义。

（二）校内实验与校外实践相结合

校内实验与校外实践相结合，可实现校内与校外互补。学校在校内建有国家级实验教学中心，供各专业在校内开展课程实验。同时积极建设校外人才培养基地，让学生接触真实的实践环境，承担真实的实践项目。校内实验室与校外实践基地相互补充，共同为培养学生提供条件和环境。更为重要的是，学生在校内实验室掌握基础的实验技能，把它应用到校外实践中，进一步强化了实践能力。如新闻学专业学生在校内摄影工作室、多功能演播室、录音室学习摄影摄像、播音主持、录音配音等基本技能后，再到校外承接真实的项目，把学到的技能真正用起来。学生为河北承德红源果业有限公司拍摄的企业形象片《红源：中国水果原醋专业制造商》在"2011上海第五届中国国际饮料工业科技展"上海世博主题馆成功展播，为北京市朝阳区南磨房乡政府项目拍摄的宣传片《南磨房乡的博物记忆》很好地宣传了南磨房乡的文化。档案学专业学生先在档案综合管理实验室学习档案修复、档案保护、档案整理技能，集中实践时间学生到校外指导社区居民开展家庭档案建设。法学专业学生在校内法律诊所实验室进行诊所式教育，同时与法律援助中心合作，办理法律援助案件，为需要帮助的弱势群体提供法律咨询、诉讼案件代理等法律服务。校内学习基本技能，校外充分应用所学专业技能，同时又进一步激发学生学习专业技能的积极性，这充分体现了校内实验和校外实践的重要性。

（三）纵向综合与横向综合相结合

高校的人才培养有自己的学科专业体系，但真实社会问题的解决往往需要跨学科、多专业的协同。这就要求高校在人才培养过程中，不仅要让学生掌握多学科的理论知识，而且要让不同学科专业的学生共同参与到实践中，在实践中既提高学生各自的专业应用能力，又培养学生从不同的专业视角来看待问题和解决问题，提升协作能力和团队精神，为学生就业后迅速融入真实的工作环境奠定基础。纵向综合实践主要培养学生掌握本专业基本技能和应用能力，主要通过第一课堂来实施，如课程实践、集中实践、综合实践等。跨学科多专业横向综合实践则主要培养不同学科专业学生发挥各自专业应用能力来共同解决实际问题的能力，既要通过第一课堂来实施，更主要通过第二课堂来实施。纵向综合与横向综合相结合，可实现专业纵向递进与多专业横向集成兼顾。

（四）实践教学与应用性科研相结合

实践教学与应用性科研相结合，可实现教学与科研对接。学校始终坚持"以学科建设为龙头，学科专业建设一体化"的发展战略，文科人才培养和实验教学的发展得到学校人文社科各领域最新研究成果的支持。学校主要开展应用性科研，应用性科研有四个方面的突出表现：一是紧密结合首都经济社会发展的需要提出实际问题，解决实际问题；二是和首都有关行业部门密切横向合作；三是教师带领学生参与科研课题，产学研结合，尤以学生的全方位参与为特点；四是发挥学校文科综合的特点，多个专业发挥自身优势，共同完成一个科研课题。这样既保证了研究质量，也使不同专业的学生相互交融磨合，训练熏陶了学生多方面的能力，实际上是实验教学中心拓展创新系列实验课程向社会的有机延伸。

　　例如，2005—2006年北京联合大学历史学、法学、新闻学等文科专业和文理交叉的资源环境与城乡规划管理专业师生与北京市政协文史委合作进行的北京名人故居保护与利用状况调查，既是北京市政协的重点提案调研，也是北京联合大学教师主持的北京市哲学社会科学规划重点项目"北京名人故居保护与利用现状及对策研究"。在这项调研中，历史学专业和资源环境与城乡规划管理专业的师生挖掘名人故居的历史文化内涵和空间分布特点，法学专业师生进行名人故居保护的法律法规梳理，新闻学专业师生进行媒体跟踪报道，共调研了300余处名人故居，调研取得全方位进展，基本摸清了北京市名人故居的基本情况。"关于北京名人故居保护与利用工作的调研报告"获北京市第七届优秀调研成果二等奖。

三、教学方法

　　学校在实践教学方法方面主要采取了5种类型：观察体验类演示实验，情景仿真类模拟实验，全真案例类实操实验，专业集成类综合实验，自主研发类创新实验。

1. 观察体验式演示实验教学

大多专业要进行真正的深入实验，都需要有一个对实验对象、实验场景、实验流程等进行直观的观察、体验、认知的过程。比如法学专业的模拟审判，虽然在实践之前会学习相应的诉讼法课程，讲解相应的审判流程，但所有理论介绍都不能替代学生直接到人民法院旁听真实的审判活动：这里的法院旁听，就是法学专业的观察体验式演示实验教学。同样，历史学文物博物馆方向的文物鉴定与鉴赏等，都需要以充分的观察、体验等活动，为以后的深入鉴定实践做铺垫。因此，观察体验式教学是实验教学的基础。

2. 情景仿真式模拟实验教学

随着实验环节的深入，就需要学生具体掌握实验的操作环节，亲自动手演练，这就需要进入实验教学的第二个环节——情景仿真式模拟实验教学。如新闻学专业学生演练新闻采访报道、法学专业学生演练案件审判、广告设计与制作专业学生演练广告设计等，都需要在仿真的情景中进行模拟。

3. 全真案例式实操实验教学

这一实验教学方法，是在演示实验、模拟实验的基础上，进行真题真做的实验教学环节。如档案学专业的学生参与博物馆的真实档案的修复与保护、历史学专业文物博物馆方向学生参与北京市的非物质文化遗产调查、法学专业的学生通过法律诊所进行真实案件的办理等。

4. 专业集成式综合实验教学

这一实验教学方法，是根据培养复合型应用性人才的定位，开发出的具有特色的实验教学方法。具体就是在同一情景下，组织不同专业方向的学生，运用不同的专业知识，展开不同角度的实验活动，促进专业实验相互融合，培养学生协作能力。如"历史文化旅游综合开发项目"是由历史学、广告学、公共事业管理专业学生共同完成集历史文化资源挖掘、旅游景点规划设计、旅游项目管理、旅游产品的广告策划等为一体的综合性历史文化旅游开发与管理实验教学体系。"模拟审判综合实践项目"是由法学、新闻学、档案学专业学生在同一案件、同一场景下共同完成模拟法庭、新闻采编、档案管理为一体的跨专业集成实验教学体系。学生对这样的跨专业集成实验教学有非常高的热情，通过专业综合集成实验，扩展了学生的知识领域，培养了学生的沟通能力、协作能力和综合应用能力及创新精神。

5．自主研发式创新实验教学

这一实验教学方法，是实验教学的深化和提高，需要充分发挥学生的自主性，教师只是启发和引导者，由学生自主选实验项目，或者自己设计实验选题，进行具有研发性、创新性的实验活动。这类方法主要用于创新实验课程。如法学专业依托北京市委法宣办、北京市法制局的专业志愿服务项目"青春船长 法治启航"，组织优秀学生团队，开发志愿服务项目，创新志愿服务形式。通过编排法制短剧、编写法制漫画、开展法制讲堂、开展模拟法庭等形式，学生不仅充分应用和深化了所学法学理论知识，而且进一步培养了法律应用能力和法律职业素养。

四、考核评价

在长期的教学实践中，学校摸索并形成了一套切实可行的实验考评方法。实验课程分为考试课和考查课，针对不同课程、不同实验教学项目、不同教学类型，采取多样化的考核方式，总体上注重过程考核和能力考核，将过程表现、阶段性实验成绩、综合实验报告或作品成绩、成果汇报表现成绩相结合，有的课程还进行期末考试，进行综合性考核评价。含有实验内容的课程，其实验成绩按30%～40%的比例计入该课程的总成绩。

　　其中，过程表现评价从多方面对学生的学习状态进行考核，包括出勤情况、实验态度、合作精神、创新精神、操作技能、发现问题和解决问题的能力等；阶段性实验成绩是对学生阶段性实验成果的考评，包括工作计划、业务流程、调查数据成果、设计方案初稿等，在一门课程的实验过程中，一般有多次阶段性实验成绩；综合实验报告或作品成绩是在课程结束前要求学生完成的一份综合性、总结性作业或完整的作品、方案，综合实验报告或作品成绩重点考查学生对所学知识的综合应用能力、规范撰写报告的能力，有利于全面提高学生的综合素质；成果汇报表现成绩重点考查学生运用计算机技术手段的呈现能力和口头表达能力。

　　如人文地理与城乡规划专业4个实践教学模块的考核方式：

　　1. "城市与区域综合实习模块"考核内容及分值构成

表9-1　考核内容及分值构成

成绩构成	评定要素及分值		备注
实习报告	篇幅控制与结构完整性	10	1. 评定要素及分值可据需要调整 2. 态度评语由实习班级评定，再由实习队指导教师组认定 3. 考勤和纪律考核由实习班级考核，再由实习队指导教师组认定
	分析论证深度与逻辑严密性	15	
	结论科学性	15	
	语言流畅性	10	
	版面、格式、引文、参考文献等	10	
实习态度	积极性、主动性、认真性态度评语	25	
	接待方意见	5	
其他	实习考勤	5	
	实习纪律	5	
总成绩	优90～100；良80～89；中70～79；合格60～69；不合格<60		

2. "初级专业调研模块"考核内容及分值构成

考核方式包括三个方面：①一手资料方面（有效问卷与提纲），此项最重要，约占整个成绩的70%；②调查报告方面，约占整个成绩的20%；③实习态度方面，约占整个成绩的10%。

对实践报告的要求：①资料上，包括一手数据资料及其他二手资料；②形式上，规范美观，结构完整，有题目、作者、摘要、目录、正文、参考文献等，正文标题规范、分段清晰；③内容上，组织严谨，思路清晰，包括章节之间的组织、章节内部（标题与内容）、语言的逻辑性及语句等。

3. "高级专业调研模块"考核内容及分值构成

考核方式包括三个方面：①一手资料方面（有效问卷与提纲），此项最重要，约占整个成绩的60%；②调查报告方面，约占整个成绩的30%；③实习态度方面，约占整个成绩的10%。

对实践报告的要求：①资料上，包括一手数据资料及其他二手资料；②形式上，规范美观，结构完整，有题目、作者、摘要、目录、正文、参考文献等，正文标题规范、分段清晰；③内容上，组织严谨，思路清晰，有自己的观点，对任务分析到位准确，策划方案有一定的可行性。

4. "毕业实习模块"考核内容及分值构成

考核方式包括三个方面：①实习单位书面反馈意见，约占整个成绩的50%；②实习报告方面，约占整个成绩的30%；③实习态度方面，约占整个成绩的20%。

对实践报告的要求：①对实习单位的分析客观准确；②对团队中的自我认知分析有一定的理论指导，并附有用人单位人事部门的评价；③对工作任务分析具有一定的专业性，对工作中存在的问题有清晰的分析总结。

　　从上述案例可看出，实验考核方法具有如下四个特点：

　　第一，实验考核常规化：分别针对课程实验、集中实践、自主创新实验等进行全方位实验考核，使实验教学的考核机制常规化。

　　第二，考核方式多样化：在考核方式方面，改变传统的单一考核方式，建立口试考核、操作考核、作品考核、书面考核等多样化的考核方式。

　　第三，考核阶段全程化：改变传统的只重结果的期末考核方式，使考核的阶段前移，从实验准备开始，分阶段进入考核体系，从而实现对一门实验课程的全程考核。

　　第四，考核目标能力化：考核的目标注重能力，强化从不同角度考核学生通过实验在基本技能、专业核心应用能力、综合实践能力、创新能力等方面取得的效果。因此，在考核方式的设定和考核内容的设计方面，主要以能力考核为目标。

五、保障机制

（一）队伍保障

　　学校重视实验教学队伍建设，有规划有落实。学校规定专业教师必须同时承担理论教学和实践教学，五年内至少到行业企业实践半年，并以此作为晋升专业技术职务的必备条件。学校建成了一支理论和实践融通、校内外联合、多专业协作的结构合理的文科实验教师团队，包括校内专业实验技术人员和实验教学指导教师。文科实验教学队伍不仅教学、科研能力强，而且实践教学水平高，并积极参加教学改革、科学研究、社会服务和国内外交流。90%以上的指导教师具有多年实验教学和实验室工作经历，理论知识与实践经验丰富，动手能力和创新意识强。其中30人拥有律师、Adobe中国认证设计师、广告文案师、NVQ企业行政管理师、3DMAX培训教师等职业资格证书，被学校认定为"双师型"的教师。学校给"双师型"教师在评职、待遇方面给予倾斜，定期派他们接受专业培训。同时，学校聘请一批来自校外相关行业的一线专家作为校外兼职教师，他们大多来自我校市级校外人才培养基地首都博物馆、北京市档案局（馆），以及国家博物馆、国家档案局等实际工作部门。

（二）平台保障

文科专业群的建设涉及多个专业，而且各专业之间缺乏深入的沟通与协作。传统的实践教学都是各专业自成体系、自行开展的，不需要与其他学科专业的教师和学生进行协作配合，实践教学的实施流程也比较固定和成熟。但文科专业群综合实践教学则是一个新鲜事物，需要进行专门的设计和筹划，在组织实施过程中还要进行不断的协调。这就需要一个平台，或者说一个专门的机构来负责这些工作。北京联合大学的文科专业群综合实践教学主要是依托国家级实验教学示范中心来开展的。该实验教学中心不仅为学生开展实践教学提供了实验场所和环境设备，更对专业群综合实践教学活动进行设计、组织和协调。实验教学中心要协同各学科专业教师设计开发出适合不同学科专业学生共同参与的实践项目，并根据项目的需要，组织不同学科专业的教师和学生来参与，并在实施过程中加强协调和沟通。

（三）环境保障

环境与设备是开展实验教学的必备条件，既包括校内实验环境与设备，也包括校外实践基地条件。学校本着以人为本、环境育人的建设理念和资源整合、高效利用、开放共享的目标，在学校办学空间相对紧张的情况下，通过有效整合资源、统一建设、集中管理，建成了空间布局科学合理、人文色彩浓厚的实验教学环境，建设有基础平台和专业应用两大类共28个实验室，现有各类实验教学设备4005台（件），实验教学设备的固定资产总值2936万元，2009年以来获得实验室建设专项经费和实验教学改革经费1762万元，为专业群开展实践教学提供了良好的校内实验环境与条件。同时学校还建立了一批校外人才培养基地，如首都博物馆、北京市档案局（馆）、丰台区人民法院、北京电视台等。这些校外基地也成为实践教学开展的重要保障和支持。

（四）政策保障

学校制定了系列鼓励实践教学和专业合作的相关政策。如根据学校规定，人文社科类专业实践学时占总学时比例不低于35%，同时将"三层次"实验课程全部落实到各相关专业人才培养方案中，并以"16周＋2周"式的教学计划保证每学期2周的集中实践教学课程能够顺畅实施。鼓励教师承担实验教学任务，教学工作量计算向多专业协作式和创新性实验课程倾斜，这类课程的课时工作量为普通理论课和实验课的1.5倍。学校按生均定额划拨实验室运行经费，保证了经费的制度化、常规化。

第十章

文科专业群综合实践教学的案例研究——浙江师范大学

浙江师范大学以文科综合国家级实验教学示范中心建设为契机，积极探索，勇于创新，在实验体系科学化、实验内容综合化、实验管理智能化、实验资源共享化、实验装备现代化、实验环境开放化等方面狠下功夫，在实验教学体系构建、实验教学条件及实验教学队伍建设等方面取得了丰硕成果，在高素质文科人才培养、文科实验教学改革和研究、服务社会等方面成效明显，示范辐射效应良好。

一、实验教学理念与课程体系

（一）实验教学理念

浙江师范大学文科综合实验教学以"多元融合、学用兼善"作为基本理念，并将这一理念贯穿于整个实验教学活动。

多元融合：即多元平台、多元素养、多元能力的融合，按"跨学院、跨专业、大中心、大平台"的新型实验平台概念，将文科实验教学划分为综合素养、基本技能、专业技能和创新创业四大实验、实践教学平台，分别提升三大素养，培养三大能力；同时，融文科各专业实验教学于一体，融知识传授、素养熏陶、能力培养、素质拓展于一体，融教学、科研、服务于一体。其中，综合素养和基本技能实验教学平台强调通用性、普遍性，专业技能实验教学平台注重专业提升，创新创业实践教学平台突出个性发展。

学用兼善：以培养"厚素养、精技能、强能力、善创新"的高素质文科人才为目标，通过创设"体验熏陶—技能实训—专业深化—应用拓展"衔接贯通的实验教学新途径，注重文科学生人文素养、科学素养、艺术素养的提升和基本技能、专业技能、创新能力的培养，强调"学以求知，用以炼能"，构建"学以致用、用以促学、学用结合"的实验教学环境。

（二）实验教学体系

依据"多元融合、学用兼善"的实验教学理念，打破原"依托专业、分散建设、归属学院"的文科实验室建设与管理模式，按"跨学院、跨专业、大中心、大平台"的建设与管理思路，构建综合素养实验教学、基本技能实验教学、专业技能实验教学和创新创业实践教学四大平台，旨在培养学生人文素养、科学素养、艺术素养三大素养和基本技能、专业技能、创新能力三大能力的文科人才"素养能力一体化"实验教学体系，即"433"体系（图10-1）。

综合素养实验教学平台是以培养文科学生人文素养、科学素养、艺术素养为主要目标的实验课程与教学活动。

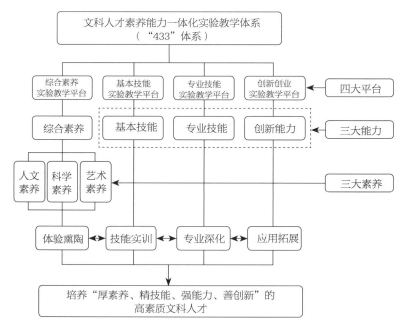

图10-1   文科综合实验教学体系构架图

基本技能实验教学平台是以培养文科学生计算机与网络技术应用能力、社会沟通与适应能力等基本技能为主要目标的实验课程与教学活动。

专业技能实验教学平台是以培养文科相关专业学生专业技能为主要目标的实验课程与教学活动。

创新创业实践教学平台是以培养学生创新能力为主要目标的实验课程和实践活动。

"熏陶"，主要是通过仿真模拟的实验教学环境中接受情景体验，在潜移默化中培养和增强学生的人文素养、科学素养和艺术素养。

"实训"，主要是对文科学生必须具备的基本技能进行系统化的实际操作训练，使学生具备"能说、会写、善用"的基本技能。

"深化"，主要是在专业技能的教学环节中强化实验课程与课堂理论教学的密切配合，使学生强化、深化专业知识，提高专业实践能力和应用能力。

"拓展"，主要是在课外活动环节，通过有组织的、课程化的创新创业实践活动，引导学生将课堂学得的知识和技能活化为创新能力、创业能力，为学生走向社会、从事专业工作搭建平台、架设桥梁。

通过以上各有侧重、有机联动的四个实验、实践教学平台，创设文科人才"素养能力一体化"的实验教学新模式，实现文科学生综合素养、多元技能、创新能力协同并进、全面发展，为培养"厚素养、精技能、强能力、善创新"的高素质文科人才提供了坚实保障。

（三）实验课程体系

按文科学生素养、能力的基本要求以及不同专业的技能要求，设计不同的实验项目与课程，设置多层次的实验课程，合理确定各专业实验课程的分类及其在教学计划中的比例和门数。

1. 建立公共实验课程

从文科人才应该具备的综合素养和基本技能出发，打破专业限制，以大文科的视野进行设计，以通识课程的形式组织实施，并列入学生培养方案，初步建立文科综合公共实验教学课程体系（见图10-2）。

2. 设立三层次实验项目

实验项目的设置与安排自低年级向高年级由浅入深，由单一实验到综合实验再到创新实验，有效地调动学生学习的主动性。将原来单一课程的多个验证性或体验性实验，整合提升为综合性实验；或将多门课程的相同类型的实验整合为综合性或设计性实验，充分体现文科各专业知识的交叉与渗透，既有利于培养学生的综合素养和基本技能，又能培养其将所学知识融会贯通，提高其专业技能和创新能力，努力构建"基础性、综合设计性、研究创新性"三层次实验项目体系。

同时，借鉴理工科实验教学体系，着力完善基础型实验、综合设计型实验、研究创新型实验三层次实验教学体系，充实基础性实验内容，加大综合性、设计性实验比例，增加研究性实验内容，使实验教学内容体系既具有基础性、系统性和先进性，又具有层次性、递进性和交叉性。近三年开设的实验课程和综合型、设计型、创新型实验项目数见表10-1。

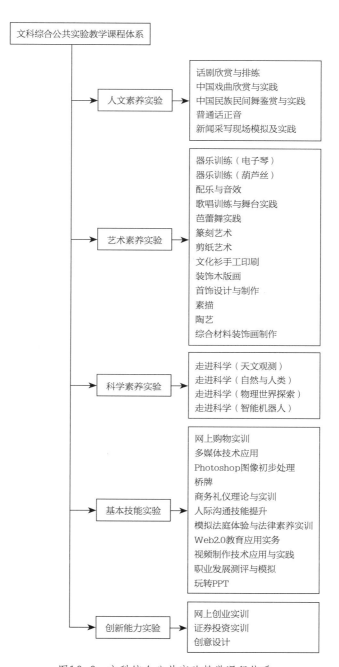

图10-2　文科综合公共实验教学课程体系

表10-1 实验课程及实验项目数统计表

学年	课程数	项目数	综合设计型项目数	创新型项目数	综合设计、创新型实验项目占比
2009—2010	229	448	264	21	63.6%
2010—2011	246	733	510	29	73.5%
2011—2012	262	791	566	33	75.7%

注：创新型实验项目不包括支撑大学生创新活动开展的实验室开放项目、新苗计划项目、课外学术活动、院级课题等。

3. 实验内容密切联系实际

根据学生素养能力培养需求建设实验课程，教学内容十分注重与历史文化、社会应用和科研成果的对接，既具基础性、系统性和先进性，又具层次性、递进性和交叉性。例如，"中国戏曲欣赏与实践""中国民族民间舞鉴赏与实践"等一系列课程有力承载传统文化，"交替传译""电子商务系统设计"等多门课程含纳丰富教师学术成果，"商务礼仪理论与实训"等课程紧密切合社会需求，"网上创业实训"课程还依托与金华市电子商务产业园合作关系，实现全真模拟教学。学生得到多维度、多层次培养，紧跟时代、适应社会。

二、实施途径

（一）立项建设文科综合实验实训课程

学校自2010年开始，每年组织全校教师申报文科综合实验实训课程，经专家评审通过后予以立项建设，每门课程资助1500～2500元经费，要求完成实验教学大纲和实验指导书的撰写，并负责开课。四年共立项建设44门文科综合公共实验实训课程。

在实验课程设置过程中做到：

（1）实践性，即满足学生学习需要和走上工作岗位的实际需要。

（2）探索性，即能给学生提供一个探究的空间，能在实验中采取类似科学研究的方式来研究实验问题，解决实验问题。

（3）综合性，即既要开发学生的智力因素，又要注意开发其非智力因素；既要注重学生理科思维的培养，又要注重人文素质的提高。

（二）修订文科人才培养方案

2010年学校全面修订文科人才培养方案，将文科综合实验实训课程正式列入文科教学计划，规定全校所有学生均可修读，文科类专业学生原则上要求修读1门文科综合实验实训课程。具体开课计划见表10-2。

表10-2　浙江师范大学文科综合实验实训课程一览表

课程编号	课程名称	学分	学时	开课学期
2220000172	话剧欣赏与排练	1	32	春季（上/下） 秋季（上/下）
2220000101	中国戏曲欣赏与实践	1	32	春季（上/下） 秋季（上/下）
2220000102	中国民族民间舞鉴赏与实践	1	32	春季（上/下） 秋季（上/下）
2220000118	普通话正音	1	32	春季、秋季
2220000180	新闻采写现场模拟及实践	1	32	春季（上/下） 秋季（上/下）
2220000104	器乐训练（电子琴）	1	32	春季（上/下） 秋季（上/下）

课程编号	课程名称	学分	学时	开课学期
2220000105	器乐训练（葫芦丝）	1	32	春季（上/下） 秋季（上/下）
2220000106	配乐与音效	1	32	春季（上/下） 秋季（上/下）
2220000107	歌唱训练与舞台实践	0.5	16	春季（上/下） 秋季（上/下）
2220000108	篆刻艺术	1	32	春季（上/下） 秋季（上/下）
2220000109	剪纸艺术	1	32	春季（上/下） 秋季（上/下）
2220000110	文化衫手工印刷	1	32	春季（上/下） 秋季（上/下）
2220000111	装饰木版画	1	32	春季（上/下） 秋季（上/下）
2220000112	首饰设计与制作	1	32	春季（上/下） 秋季（上/下）
2220000174	素描	1	32	春季（上/下） 秋季（上/下）
2220000175	陶艺	1	32	春季（上/下） 秋季（上/下）
2220000115	综合材料装饰画制作	1	32	春季（上/下） 秋季（上/下）
2220000176	芭蕾舞实践	1	32	春季（上/下） 秋季（上/下）
2220000207	走进科学（天文观测）	1	32	春季（下） 秋季（上）
2220000208	走进科学（自然与人类）	1	32	春季（上/下） 秋季（上/下）
2220000209	走进科学（物理世界探索）	1	32	春季（上/下） 秋季（上/下）

续表

课程编号	课程名称	学分	学时	开课学期
2220000210	走进科学（智能机器人）	1	32	春季（上/下） 秋季（上/下）
2220000119	网上购物实训	0.5	16	春季（下） 秋季（下）
2220000120	多媒体技术应用	1	32	春季（上/下） 秋季（上/下）
2220000121	Photoshop图像初步处理	1	32	春季（上/下） 秋季（上/下）
2220000177	Web2.0教育应用实务	1	32	春季（上/下） 秋季（上/下）
2220000181	视频制作技术应用与实践	1	32	春季（上/下） 秋季（上/下）
2220000211	玩转PPT	1	32	春季（上/下） 秋季（上/下）
2220000123	商务礼仪理论与实训	0.5	16	春季（上/下） 秋季（上/下）
2220000178	人际沟通技能提升	1	32	春季（上/下） 秋季（上/下）
2220000103	桥牌	0.5	16	春季（上/下） 秋季（上/下）
2220000125	模拟法庭体验与法律素养实训	1	32	春季（上） 秋季（上）
2220000179	职业发展测评与模拟	1	32	春季（上/下） 秋季（上/下）
2220000206	网上创业实训	1	32	春季（上） 秋季（上）
2220000173	证券投资实训	1	32	春季、秋季
2220000203	创意设计	1	32	春季（上/下） 秋季（上/下）

（三）编写文科实验教材

实验教材是体现教学内容和教学方法的载体，是把实验教学理念转变为具体实验教学过程的体现，是教学改革成果的结晶，是实现培养目标的重要工具。实验教材质量好坏、水平高低直接影响到实验教学效果和人才培养质量，它不仅是传授和巩固理论知识的媒介，更是指导学生动手、培养学生综合能力的重要工具。实验教材的编写要以加强基础训练、强化能力和素质培养、精炼与革新传统知识、拓宽实验内容为原则。

针对目前文科实验教材少而且适合本校专业和实验的教材更少的实际，根据社会发展对高素质文科人才提出的新要求，学校积极组织教师编写实验指导书，成为能满足学生素养、能力发展需要、促进学生全面发展的系列校本实验教材，并建立、完善教材更新机制，在组织编写、更新、出版教材过程中提升实验教师专业化品质。

（1）通过教改立项的方式，积极推进实验教材的编写工作。学校下大力气抓好教材建设，从政策引导和经费投入上引导教师将科研、教学成果对接实验教学，保障教材建设不断革新。2010年以来，学校先后四次发文，鼓励和引导教师开发实验课程，建设实验教材。近三年来，新编实验讲义50种，投入经费10余万元；出版实验教材18部，其中，校级重点教材8部，投入经费22.5万元。

（2）建立实验教材编写规范，明确实验教材的编写要求。参照理工科实验教材编写体例，结合文科实验教学特点，形成文科实验教材的编写体例，在"高等学校文科综合实验系列教材"编写中进行运用。

（3）制订实验教材审核程序，严把教材质量关。在课程申报和教材评审阶段，组织各方面专家对课程项目和教材进行审定，反复修改，确保教材教学指导思想明确，教学实用性强，符合学生创新能力培养需求，留有学生自主训练的空间。

（4）建立实验教材使用效果反馈制度，形成实验教材评优筛选机制。教学过程中，通过师生座谈会、学生信息员、调查问卷等方式，收集学生对教材的反映与评价，及时增补内容，修订实验项目。

（四）建设文科实验队伍

在整合全校文科实验队伍基础上，合理规划、配置职称结构、学历结构、年龄结构，努力建设一支由学术带头人和高水平教授领衔，专职实验教师、兼职实验教师、实验技术人员、研究生助教四位一体，核心骨干相对稳定，热爱实验教学，教育理念先进，学术水平高，实践经验丰富，熟悉实验技术，勇于创新的新型实验教学队伍。

（1）实行主讲教师负责制。每门实验课程确定一名主讲教师，组织做好预备实验、试讲和集体备课，由主讲教师对实验教学过程进行检查、督导，确保青年教师和研究生指导实验课的教学质量。

（2）公开招聘，竞争上岗。各实验课程负责人均通过公开招聘、由具有丰富教学经历的教授或副教授担任。公共模块实验教学人员面向全校选拔，根据课程建设需要和教师能力水平择优录用；专业模块实验教学人员在相关学院遴选学术水平高、实践教学经验丰富的骨干教师担任。同时聘请一批社会兼职实验教学人员和研究生兼职管理人员。

（3）实行"传、帮、带"和集体备课制度。对新上岗的青年教师和参加指导实验的研究生，由经验丰富的老教师实行"传、帮、带"，并规定必须通过学习、培训、考核合格后才能上岗；做好岗前培训工作，严格要求做好预备实验，实行试讲和集体备课制度；严格实行由课程负责人对实验教学过程进行检查、督导的制度，确保青年教师和研究生指导实验课的教学质量。

（4）骨干相对稳定，做到动态平衡。实验教学队伍岗位职责明确，分工合作，科学合理，教学有序，调度有节，总体稳定。在此基础上，通过增开课程、更换主讲教师、淘汰课程等方式，稳中微调，形成一定的人员流动，使得实验教学队伍能不断更新新鲜血液，保持健康活力和战斗力，实现实验教学队伍的不断优化，形成动态平衡。

（5）加大培养引进力度，优化实验队伍结构。鼓励和培养青年教师、实验技术人员在职攻读博士学位，引进一批知识交叉、掌握现代文科实验教学技能的实验教师，不断增加高层次、高学历年轻实验技术人员的比例；积极为实验教师和技术人员外出交流和访学创造条件，引导其向一专多能方向发展，设置实验创新专项基金，鼓励开展跨学科、跨专业研究，以更好地适应文科实验教学的需要。

（6）完善激励奖惩机制，发挥实验队伍积极性。明确岗位职责，建立行之有效的实验队伍激励机制和奖惩制度；对实验室主任、专职实验技术人员和实验教师依据岗位职责，按学校规定进行考核、晋升、奖惩；鼓励教学改革和实验技术创新，对成绩突出、效果优秀的教师和实验技术人员，实行奖励；进一步加大对优秀实验教学成果的奖励力度。

（五）搭建文科实验平台

综合素养实验教学平台和基本技能实验教学平台进行整合后作为公共实验教学平台来建设，2010年，学校专门投资300多万元，建设文科公共实验教学平台，新增实验用房2700多平方米，建成陶艺、版画、手工制作、素描、音频制作、艺术欣赏、艺术表演、器乐、录播、科学、电子商务、统计分析、创意设计、社会适应等公共实验实训室。

专业技能实验教学平台将原分散在各相关文科学院的实验室进行整合，成立法律事务与社会工作、语言、音乐与表演、视觉艺术、商贸电子5个实验教学分中心，实现学校统一规划、统一调度、统一管理、统一安排，从制度和体制上保证实验内容、实验场地、实验设备等教学资源的充分共享和高效利用。

创新创业实践教学平台主要以文科专业社团、文科学科竞赛、社会实习基地、自主创业基地为依托，组织开展创新创业教育活动。

（六）完善实验教学质量保证体系

（1）成立文科综合实验教学中心建设指导委员会，由分管副校长、相关职能部门负责人、相关学院分管副院长、中心主任及专家组成，对中心的实验教学及日常管理进行领导、监督和指导。

（2）通过课程开发、专家评审、大纲修订等举措，保证教学内容安排合理，项目设计规范到位。

（3）中心建设指导委员会严把实验指导教师聘任关，选拔具有丰富教学经验、工作认真负责的教师进入实验教学一线，确保实验教学质量。

（4）中心主任、副主任，各专业主任和课程负责人不定期检查实验教学工作，发现问题及时解决。实行听课制度、师生座谈会、问卷调查、网络反馈、建立学生信息员队伍等，全面了解教学效果、对学生反映的问题及时解决，促进实验教学内容的更新和教学水平的提高。

（5）定期和不定期对实验教学质量进行检查评比，对实验准备、实验状态、实验改革和实验教学质量等方面进行考核和综合评价。

（七）实验教学坚持"四结合"

（1）实验教学和理论教学研究相结合。从事理论教学的教师参与课程的实验指导，参与制定并不断完善实验内容，改进实验方法，引导学生完成"实践—认识—再实践—再认识"的过程；同时，解决理论教学与实践教学"两张皮"的问题，实现两者的有机融合。

（2）实验教学与学生课外活动相结合。坚持优化课内，强化课外，坚持为组织科技活动、学科竞赛、教学研究无条件提供方便，成为大学生参加课外科技创新活动的重要场所。对内面向全体学生，对外面向教学、研究、中小学校开放；组织学生参加专业社会实践、学科竞赛等，让学生利用学到的知识服务社会，也成为检验实验教学成果的有效手段。近三年，指导学生获得省级以上奖项371项，其中国际级18项，国家级251项；发表论文328篇；获得专利11项。

（3）实验教学与科研项目相结合。充分发挥我校人文社科底蕴深厚、综合实力强、承担重大研究项目多的优势，注重将教师的科研项目引入实验教学中，不仅可以拓宽学生的视野，还能培养学生科研意识和创新能力。结合教师科研成果和教改成果，实验项目不断更新。三年来，文科综合实验教学中心共新增实验课程64门，新建实验项目378项。

（4）实验教学与社会服务相结合。充分利用一流的硬件资源，主动面向社会，开展社会服务，解决生产、生活实际问题。文科综合实验教学中心与金华电视台《新闻节节棒》栏目开展社会公益培训服务；法律事务与社会工作实验教学分中心师生深入基层开展农民工维权调查和援助活动；视觉艺术实验教学分中心师生将美术馆开到新农村；音乐与表演实验教学分中心师生走进乡村开展"春泥计划"，为农村孩子提供免费艺术培训；商贸电子实验教学分中心组建"工商企业管理专家咨询团"，深入企业进行咨询服务；语言实验教学分中心教师利用自身优势，为国际汽车拉力赛、国际养生博览会等国际大型活动提供翻译服务；依托科技馆，中心师生将"流动科技馆"办到农民工子弟学校和街道社区，向农民工子弟和社区居民普及科学知识，传播科技信息，弘扬科学文化。

（八）实验教学抓好"三环节"

改革传统的"教—学—评"模式，加强过程管理，抓好实验教学中目标定位、手段选择、施教控制三环节。

（1）目标定位：预设学生应该掌握的某项知识技能或者工作方法的定位；

（2）手段选择：确定通过什么样的方式传授技能和方法，绝不是教师单向的说教式传授，需要有明显的活动教学；

（3）施教控制：在整个教学过程设计中，必须要有严格的课程设定，需要有发散式的联想思维和严密的逻辑把实验推升到相应的高度。

（九）实验教学对接学生社团、创新创业活动

强化个性化人才培养，充分拓展创新创业平台，大胆创新共享机制，将实验室有限空间和大学生创新创业活动宽广领域进行有效对接。探索"社团进实验室"的新型开放模式，引入阿西剧社、戏曲协会、

科普协会、天文协会等品牌学生社团，将部分实验室作为社团实践活动基地，以社团为桥梁吸引广大学生积极参与实验，在教师指导下自主开展多种形式的创新文化活动，创造文化成果，其中戏曲协会每年都有不少学生选修中心课程"中国戏曲欣赏与实践"，并结合课程学习和社团实践，组织汇报展演，产生广泛影响。科普协会每年依托科技馆开展科普文化节，宣扬科学精神，普及科学知识，受到社会各界的高度评价。

三、教学方法

文科实验教学致力于教学手段的现代化，把实验仪器、实验教材、教学课件和实验过程有机结合起来，将极大提高学生的学习热情和效率；实验室实行全方位开放，鼓励学生独立自主地完成实验，培养实验操作技能；在整合各专业实验资源基础上，重点推进网络实验教学平台开发和数字技术、多媒体技术的应用。

（一）注重实验技术研究和实验方案设计

积极组织实验教师申报各类教学改革项目、课程实践教学项目和实验技术开发项目等，并将这些项目的成果应用于实验教学中。近三年开展各类教学改革项目139项。

在教学过程中，重点把好方案设计关，极力倡导教师在实验教学过程中充分调动学生独立思维，培养创新能力。例如，"剪纸艺术""首饰设计与制作"等课程教学设计注重避免实验目标实现途径的唯一性，启发学生自主探寻，创新方法实现目标。"走进科学"课程依托科技馆开展现场科学实验教学，十分有利于学生科学思维培养。

（二）采用适应高素质应用型文科人才的实验教学方法

针对人文学科的专业特色及其需要，采用"情境体验式、技能操作式、应用实践式"三类基本的实验教学方法，组织学生开展会演、参赛、展览、参观考察、社会实践等活动，充分调动学生自主参与。各实验教学安排由浅到深，由简单到综合，并能充分调动学生学习的主动性。

（三）注重实验教学的相对独立性

打破原实验教学依附于理论教学的模式，按实验的性质和技术类型统一规划实验项目，构建新的实验教学内容体系，使文科各专业学生能够选择与理论课程配套的实验项目，建立理论教学与实验教学之间的有机联系，更加清楚地认识到理论与实践、人文与科技内在的联系，用实践方法和现代科技手段研究人与社会的各种问题，从而有利于学生对知识的融会贯通，有利于学生发散性思维的形成和综合认知能力的提高。

（四）开展自主式、合作式、研究式教学

积极尝试以学生为中心的实验教学改革，大力开展自主式、合作

式、研究式教学，鼓励学生依托中心实验室，结合实验课程申报各类实验课题，自行设计实验方案，自行组建项目团队，合作完成实验过程。在"大学生科技创新活动计划""实验室开放项目""学生课外学术科技活动项目""研究性学习与创新性实践项目"等多渠道资助下，开设一定数量的自主式、合作式、研究式实验。三年来共支撑学生课外创新性实验项目524项。

（五）引入现代教育技术手段和先进仪器设备

强化教学手段现代化，运用数字技术、多媒体技术，借助生动的图像、形象的动画，化静为动、化小为大、化繁为简，使实验操作立体化、生动化、形象化。目前，多数实验室具备了多媒体教学的环境条件，配备了多媒体设备和电子白板，网络信号覆盖所有实验室，可实现无粉笔化、数字化教学。

实验室硬件建设规划合理，重点投入。音乐厅、录音棚、同声传译等专业实验室按照专业标准建设；实验室配置天象仪、地震屋、音频工作站、施坦威钢琴等先进设备，保障了实验教学水平不断提升。

（六）建立网络实验教学平台和实验教学资源库

依托国际较为通用的MOODLE系统构建，开发网络实验教学平台，设置课程信息查询、在线学习、在线提问、上传作业、批改作业、查阅成绩等多个功能，开展网上实验、网上辅导、答疑工作，实施网上辅助教学，促进学生自主学习和互动式教学，为教师与学生提供无时空限制的交流通道。教师用户还可以根据课程需要，自行添加功能模块和课程资源，操作简便，使用较为人性化。该平台还为实现文科实验中心课程面向校内外开展远程教学、全方位开放共享打下了良好的技术基础。

根据"三大素养、三大能力"的教学体系构建，开发建设文科综合实验教学资源库。资源库分人文素养、艺术素养、科学素养、基本技能、专业技能、创新创业等板块，收集有图片、视频、动画、文本等多种资源150G，为中心各平台实验课程乃至全校文科教学提供了丰富的教学资源。与此同时，资源库还将工商管理VOD点播系统（1005G）、英语在线资源库（200G）等校内文科相关资源库整合一体，扩展了资源库的功能，提高了资源库的服务能力。

四、考核评价

（一）制定多元考核办法

为引导学生从"学习、考试型"向"学习、思考、研究、创新型"转变，文科综合实验教学中心积极探索多元实验成绩评定方法，如采用平时实验记录和实验考试成绩相结合的考核方式：学生按要求参加实验，认真完成实验报告，并实行网上递交、批改；采用命题作品设计或现场抽题回答或实际操作或小组答辩；采用设计评价、作品评价等方式（表10-3）。

表10-3　文科综合实验教学中心实验考核标准

考核项目	考核内容	所占分值
平时实验记录	遵照学校规定	10%
平时实验表现	学习态度 爱护设备 卫生状况 实验纪律	30%
实验考试	实验结果质量	60%

（二）实行灵活多元考核方式

实验课程一般采用平时实验表现和实验考试成绩相结合的考核方式，实验考试一般不设卷面考试，根据各课程本身的特点采取不同的考核方式，主要可分为以下几类：

（1）现场表演，如"器乐训练（电子琴）""歌唱训练与舞台实践"等表演类课程；

（2）作品评价，如"陶艺""多媒体技术应用""计算机音乐"等课程；

（3）现场演练、现场操作，如"民事审判实务""商务礼仪理论与实训"等课程；

（4）实验报告、作业，如"天文地学观测""电子商务管理""外贸单证"等；

（5）课程论文，如"学校社会工作""职业发展测评与模拟"等。

文科综合公共实验课程考核方式较为灵活，例如，"中国戏曲欣赏与实践"组织学生开展课程汇报演出，检阅学习所得；"网上创业实训"课程根据开出网络店铺销售量来进行评分；"新闻采写现场模拟及实践"让大学生进入电视台、报社等媒体，将现场观摩实习作为考试方式等。

五、保障机制

近年来，浙江师范大学牢固确立人才培养的中心地位，全面实施素质教育，把促进人的全面发展和适应社会需要作为衡量人才培养水平的根本标准。2009年，文科综合实验教学中心成为国家级实验教学示范中心建设单位以来，学校进一步加大投入力度，从政策、人员、经费、场地各方面提供全面支持和保障。

（一）中心建设列入学校党政工作要点和"十二五"规划

2010年以来，连续三年的学校党政工作要点均明确提出关于加强文科综合实验教学中心建设，推进实验教学改革的工作重点。学校在《实验室建设"十二五"暨中长期发展规划》中也有专文论及中心建设的规划。

（二）中心列为处级直属单位，人、财、物"三独立"

2010年3月，学校将文科综合实验教学中心列为处级直属单位，设2个处级、2个科级岗位，并明确中心主任参加实验室管理处处务会议；同时，明确了中心人员编制独立、财务预算独立、实验场所设备独立，从而在体制、机制上为中心统筹全校文科实验奠定了组织基础。

（三）完善管理体制，建立"五统一""五化"管理体系

学校成立专门的文科综合实验教学中心建设指导委员会，由分管校长任主任，教务处和实验室管理处处长任副主任，对中心的实验教学和日常管理进行领导、监督和指导；同时，明确教务处、实验室管理处在中心建设中的职能。

中心实行主任负责制，建立并完善了"五统一"的管理模式，即：

（1）统一规划：实验教学整体改革及实验室建设由中心统一规划、统一实施，包括对各个文科专业的国内外研究，实验教学内容、模式、方法、手段等的研究与改革实践，检查、监督实验教学的运作情况。

（2）统一调度：中心的实验教学仪器设备、技术人员统一调度，实验仪器设备改造与开发由中心统一组织实施。

（3）统一管理：实验教学仪器设备由中心统一管理、保养和维修，实验教学经费由中心统一规划使用。

（4）统一安排：实验教学任务，开展实验室开放，负责实验课程和教材建设等由中心统一部署、统一安排。

（5）统一评聘：选聘、考核实验教师和技术人员等由中心统一进行。

推进"五化"的管理机制，即：

（1）制度化：在实施过程中建立健全各项规章制度，各个实验室及办公室都将相关的制度上墙，使教师、技术人员、管理人员、学生在明确各项制度的同时，形成有效的相互监督机制。

（2）科学化：对所有的设备不但建立了明细账，还按合格实验室

要求对每台设备建立账、物、卡管理体系，并定期检查。合理安排教学计划内、外实验使用实验室的时间段，尽量挤出较多的时间供开放实验使用。对于学生课题、社团活动、兴趣小组等需用实验设备或实验室，只要有利于学生的能力培养，中心尽一切努力提供实验条件，并简化实验室使用审批手续。

（3）开放化：解决工作量超额问题，全天候开放实验室，尽可能提供学生实训实践的环境。从制度和体制上保证实验内容、实验场地、实验设备等教学资源的充分共享和高效利用，发挥实验室资源的最大效益。各实验室面向全校学生开放，为学生参加学科竞赛、参与科研项目、进行论文写作等提供良好的实验环境；部分实验室还面向全省中小学生开放，面向社会公众开放。

（4）信息化：开发专门管理软件，使实验设备和材料的管理、实验室使用及查询实现网络化，以增加实验室的开放时间，提高设备的利用率。目前这些实验室使用自动记时、预约管理系统，实现实验室管理的自动化和网络化。

（5）项目化：积极参与学校"实验室开放项目""实验技术开发项目""学生课外学术科技活动项目""研究型学习与创新性实践项目"等项目，每学年开设一定数量的自主式、开放式、项目式实验，推进实验室的项目化管理、科学化运作。

（四）打造实验室管理信息平台，实现网络化智能化管理

中心建有工作网站（http：//wenke.zjnu.edu.cn），是中心管理、教学等各方面信息的发布平台，设有中心概况、中心建设、实验室管理、实验教学、规章制度、资料下载、中心新闻、通知公告、信息平台、

友情链接10个板块。中心建立了监控、门禁、报警系统，对公共平台所有实验室实现智能化、自动化管理，为实验室的全方位开放提供有力的硬件支撑。中心自主开发建设了开放管理系统、管理人员工作日志系统，引入了实验室设备管理系统、设备维修管理系统、实验耗材管理系统、教务管理系统、教学质量测评系统、实验室安全考试系统等工作系统，基本实现了中心管理的信息化，为优化中心实验室资源配置、提高中心工作效率、扩大实验室开放共享提供了强有力的技术支撑。中心还开发建设了三维全景导览系统，用户可远程全景式浏览中心各实验室，全面了解实验室的环境、功能。

（五）保障建设与运行经费

（1）在实验教学改革、大学生创新能力培养等项目立项中予以重点支持。2010年以来，学校为中心立项建设文科综合公共实验实训课程四期共计44门，投入经费10多万元；重点教材8门，投入经费22.5万元；大学生创新能力培养项目524项，投入经费近30万元；省新世纪等各级各类教改项目139项，投入经费100余万元。

（2）实验室建设经费优先落实到位。近三年，学校投入中心建设总计1400多万元，其中中央财政支持地方高校实验室建设经费2项，计110万元；省财政厅资助7项，计615万元；学校设备专项经费677万元，有效地保证文科综合实验课程的正常开设。

（六）重视实验教学和实验队伍建设

（1）制度完备。学校《"十二五"发展规划纲要》中多次提到实验室建设，实验队伍作为人才队伍之一分别被写入重点工程"人才强校工程"和重点专项"师资队伍国际化建设项目"。学校先后出台《实验教学管理规程》《实验技术人员"教学特聘岗位"评选条例》和《关于鼓励高水平教师从事实验教学工作的规定》等规章制度，全面加强实验教学工作和队伍建设。

（2）结构合理。中心在全校范围内遴选优秀教师担任实验教学骨干教师。正高职称占33.8%，副高职称占34.6%，中级及以下占31.6%，博士占23%，硕士占42%，本科及以下占35%，实验教师中兼任理论教学的占68.7%，实现了实验教学与理论教学队伍互通，骨干力量稳定，保持动态平衡，保障了中心教学改革、实验活动的有序推进。

（3）教学科研能力强。中心实验教学队伍教风优良，治学严谨，勇于探索创新，精心指导学生，积极参与社会服务。近三年共承担各类教改项目139项，科研项目155项，发表论文460余篇，荣获国家、省部级教学、科研成果奖26项，有14人次获国家级荣誉，41人次获省级荣誉。积极开展国内外实验教学的学术研讨交流活动。三年来，中心主办、承办学术会议16个，参与人员2400多人次，先后派出220多人次参加国内外学术交流活动60多个，组织50多人次开展校外考察活动近20次。

（七）实验室布局科学合理，设计规范，设备精良

（1）实验设备配置先进。按国家级实验教学示范中心的要求而建实验室，每个实验室配有智能监控系统、门禁自动管理系统等先进的、智能化的设施。科技馆位于大楼的辅楼，配备天象仪、天文台、机器人下棋、校园虚拟漫游等大型科普展品，参观路线设计合理。新建的公共实验室，本着教学适用性、设备配套性、教学科研统一性和适当

图10-3 中心LOGO

超前性的原则科学配置仪器设备，并配有电子白板、超短焦投影仪等多媒体设备，充分满足现代实验教学要求。专业实验室配有施坦威钢琴、一体化数字调音台等先进设备。中心还注重设备配套更新，三年来，设备年均更新率16.6%，其中计算机累计更新率达到46.2%。

（2）环境风格独特雅致。中心公共环境进行整体VI设计，主基调为江南水墨和园林风格，中心LOGO命名为"文化之窗"（图10-3），象征中心是浙江师范大学文科实验室建设与发展的窗口，学生通过这一窗口探求、体验、领悟博大精深的文化、魅力无限的艺术和奥秘无穷的科技；每个实验室内部都进行了相应的文化装修，统一了门牌样式，制作了宣传语，凝练了实验室内涵，彰显了中心理念和建设成果；配套桌、椅、柜、讲台均精心设计，为学生、实验技术人员和教师打造了一个整洁雅致、安全舒适、和谐美观的实验教学环境。

（3）安全保障到位完备。中心安全硬件保障先进，水、电、气管道和网络走线布局合理、安全；楼梯走廊防火设施齐全，安全通道指示明确，符合国家有关防火、防盗、防爆、防破坏的基本标准；各实验室内、走廊间的监控系统24小时工作，在各实验室入口处安装电子门禁等自动化管理设施，确保实验室的财产、人身安全；中心特别重视计算机和局域网的安全，采取先进的软、硬件技术防止计算机系统被病毒和黑客攻击。安全制度保障到位，中心专门编有《工作手册》和《应急预案》，对各实验室管理、重要仪器设备操作提出具体规范，对火灾、盗抢等紧急突发事件设计一系列快速反应机制和应对措施；中心还严格实行实验室安全准入制。

第十一章

文科专业群综合实践教学的案例研究——青岛大学

青岛大学文科综合实验教学中心借鉴理工科教育理念构建文科实验教学体系，打破学科专业界限，建立从基础实验到前沿的创新拓展型实验、从基础的认识实习到高级的社会实践的多层次、模块化、全过程文科实验教学体系；立足山东，面向全国，积极服务地方经济社会建设，通过推进产学研结合更新和提升实验教学内容；学科建设、科研与实验教学改革实现良性互动。

一、中心概况与课程体系

（一）中心概况

青岛大学文科综合实验教学中心成立于2004年3月，中心整合了经济、管理、文学三个学科门类共23个专业的实验教学资源，围绕"三个坚持""两个转变"的实验教学定位，借鉴理工科教育理念，构建了以学生为主体，教师为主导，多层次、模块化、开放型、全过程的文科实验教学体系。

中心现拥有旅游信息、会计电算化、电子政务、传播、金融工程等15个实验室，1个基础实训中心和1个创新实践中心，与海尔集团等企事业单位共建42个校外实习基地和6个实验室项目。每年面向全校23个专业和部分跨选文科类专业课程的4930余名本科生开设56门实验实训课程，年实验人时数26.6万。可开设基础、综合和创新拓展性实验项目近280个。

在长期的实验教学中，中心形成了如下鲜明特色：借鉴理工科教育理念构建文科实验教学体系，打破学科专业界限，建立从基础实验到前沿的创新拓展型实验、从基础的认识实习到高级的社会实践，包括实验、实训、实习、毕业设计与创新实践全程贯通的多层次、模块化、全过程的文科实验教学体系；立足山东，面向全国，积极服务于地方经济社会建设，通过推进产学研结合更新和提升实验教学内容；学科建设、科研与实验教学改革实现良性互动。

中心现已成为国内同类高校中建设早、建设目标明确、实训设备先进、实训教学体系完整、实训教学功能齐全、实验室管理先进、实训教学效果显著、实训教学资源开放共享、特色鲜明的省级文科实验教学示范中心。

（二）实验教学体系

在设计实训教学体系时，以学生的创新能力和实践能力培养为核心，牢牢把握三个"贯通"，形成"以实验为基础，以实训为重点，以实习为延伸，以毕业设计和创新实践活动提升能力"的多层次、模块化、开放型、全过程的文科实训教学体系。通过四个实训环节的贯通，达到培养学生实践能力与创新能力的目标。

实验教学：使学生掌握本学科的基本理论知识，包含基础性实验、综合性实验、创新拓展性实验几种类型。

实训教学：使学生能够在开放、模拟、仿真的实训情境中强化学生对相关知识的掌握和应用，培养学生的实践能力、就业竞争能力和创新能力。这类实训以综合性和设计创新性实训为主，讲求实训内容的适用性和实训课程的开放性。

实习教学：采取校内模拟实习和校外实习基地实习相结合的方式，注重培养学生的实践技能和社会认知能力。讲求实习模拟环境的仿真性和校外实习基地的稳定性。

毕业设计与创新实践活动：指导学生参加列入学校管理体系的竞赛以及"青岛大学学生研究性学习和创新性实验项目"等课外创新实践活动，以及课程论文（设计）、毕业论文（设计）、社会调查、志愿

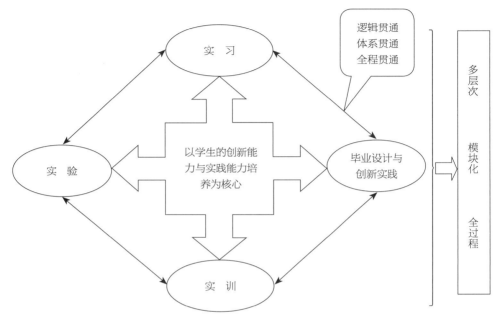

图11-1　文科实训教学体系

者活动、第二课堂活动等环节，进一步提升学生的创新能力与实践能力，这一环节是对前三个环节实训教学成果的验证与提升。

以上四个环节相互贯通，互为提升，构成多层次、模块化的文科实训教学体系，如图11-1所示。

（三）实验与实训课程

1. 四个层次

从纵向来看，中心的实训课程或实训内容分为四个层次，如图11-2所示。

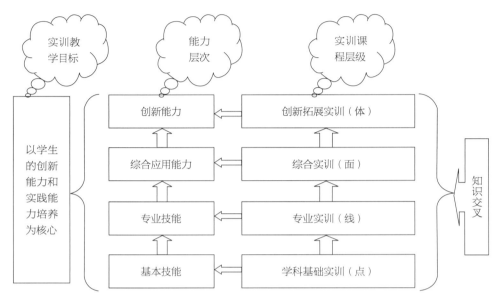

图11-2　四个层次的实训课程

　　根据不同学科、专业和实训课程的特点，以基础实训为"点"，专业实训为"线"，综合实训为"面"，创新拓展实训为"体"构建四个层次的实训课程体系。

　　学科基础实训：体现量大、面广特点的基础性实训。通过实训教学，使学生掌握专业基础知识，培养学生的专业基本能力，为进一步的专业课程学习和设计性、创新性实验奠定基础。

　　专业实训：主要针对学科中专业性较强、涉及专业范围较少的课程单元，开展有针对性的专业实训，进行相关单项基本技能的训练并巩固课堂教学中的理论知识，这类实训课程以基础性实训项目为主。

　　综合实训：将多门专业课程有机结合在一起进行综合实训的课程项目。部分相关专业的学生可以独立或共同合作进行综合性实训，具有较强的综合性，有利于培养学生对所学知识的综合应用能力。

创新拓展实训：具有创新和研究、开发的特点，需要学生在掌握系统专业知识的基础上，根据专业要求和兴趣特点，面向部分学生，进行专业或跨专业的设计性实验。主要是为了满足教学研究型大学高层次人才培养的需要，旨在培养学生的创新能力。

2. 四个模块

从横向来看，文科实训中心的实训内容又可以分为四个模块，另加多门职前教育实训课程，如图11-3所示。

计算机基本技能、统计数据处理模块以及职前教育实训课程旨在对所有文科学生加强基本能力和综合素质的培养，包括计算机与网络、办公自动化、美学与礼仪以及统计数据处理技能，体现量大、面广的特点。

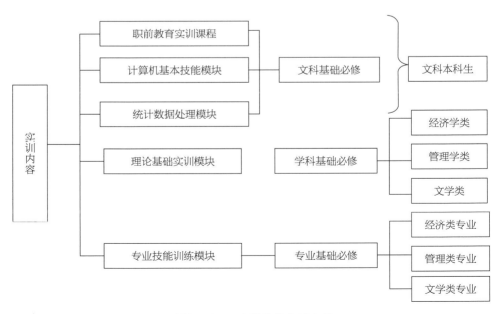

图11-3　四个模块的实训内容

　　计算机基本技能模块的实训内容是训练文科学生运用信息技术处理数据和进行信息管理的必备技能。包括大学计算机基础、计算机应用基础（VFP）、计算机操作技能实验等课程。

　　统计数据处理模块则是文科学生掌握统计数据处理方法以及常用统计软件的必备实验项目，通过该模块的实训学习，使文科学生掌握SPSS、SAS等统计软件操作以及统计分析的基本方法，包括统计学、社会经济统计软件应用（SPSS）、应用统计软件（SAS）等课程。

　　职前教育实训课程主要包括"形体礼仪"和"文献检索与办公自动化"等几门基础实训课程，该类课程不仅是中心23个专业本科生必修的实训内容，而且也面向全校所有专业学生开放，目的是对本科生进行系统的职前训练，以增强其就业竞争力（重点面向就业本科生）和提高文科学生获取文献以及自如地利用各种图书馆资源和网络学术资源的能力（重点面向未来攻读硕士研究生的本科生）。"文献检索与办公自动化"实训课程旨在通过讲课和上机实习，帮助学生掌握信息检索和利用的基本方法和技术，培养大学生的动手实践能力，从而提高文科学生获取文献以及自如地利用各种图书馆资源和网络学术资源的能力，同时通过检索课的实践学习，使文科学生具有一定的科学研究和实际工作能力，为将来的学习和科研打下更坚实的基础。"形体礼仪"实训课程旨在培养学生具有良好的仪表仪态，并了解一些与人交往的礼仪常识，做到知礼、懂礼、习礼、达礼。该课程面向全校本科生开放，为学生的综合素养和职业素养的提升发挥了重要作用，是对大学生进行职前培训的重要内容。2004年以来，中心还面向青岛市的服务行业进行形体礼仪培训，课程行业培训覆盖受众超过10000人，受到业界的一致好评。根据礼仪课的教学特性及学生的认知特点，将实训内容分为个人形象、待人接物、举止风度、仪式礼仪、行业礼仪、礼俗文化等7个教学模块，形成了具有"由外显到内涵、由行为到心灵、由个体到职业、由礼俗到文化"四个层次的课程教学体系。不同专业的学生可根据培养目标选修不同的模块（旅游管理专业选修6个模块，其他专业选修前3个模块）。

在实训教学中，该门课程采取灵活多样的教学方法，在教学中强调在理论指导下的实用性操作与案例教学，强化知识的应用，具体是：

（1）情境创设、观摩讨论：设定某种礼宾情境，选择学生上台扮演相应角色，其他同学观摩讨论，发现问题，对怎样大方、得体地应对处理发表自己的观点。

（2）多种媒体、组合演绎：精心撰写选编文案、图片、视频等各种素材，组合运用多媒体课件、课程网站等现代教育技术手段。通过对社会公众人物出席正式场合的图片和视频的分析，真实、生动地演绎相应礼仪知识的要点和难点。

（3）教师主导、归纳提炼：针对主要知识点，通过设疑解答、课堂讨论、案例分析等教学手段，引导学生深入思考、全面理解教学内容，归纳、提炼相关礼仪规范的精髓与要领。

理论基础实训模块是在大学科背景下设置的学科平台实训模块，通过选修该模块的实训内容使学生全面掌握相关专业的基本理论和基本知识，着重培养学生的基本技能。例如，经济学科基础实训课程分为基础经济学模块、计量经济学模块和经济分析模块。

专业技能训练模块是在理论培养模块的基础上，根据不同专业和

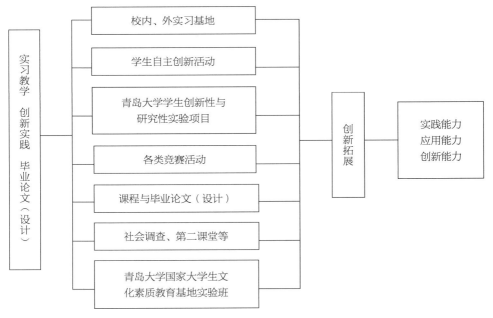

图11-4　实习教学、毕业论文（设计）与创新实践

学科的要求，对能力和技能要求更高一级的课程进行能力训练与提高式的实训教学。依据各专业的特色，分别组建为几个专业模块，如金融工程分析模块、保险精算分析模块、国际贸易模拟模块、财政与税收模拟模块、物流管理仿真模块，着重培养学生某一学科方面的专业研究技能。

　　实习教学、毕业论文（设计）与创新实践活动是锻炼和提高学生实践能力的重要环节，目前，中心建有42个校外实习基地。其中，中心在新加坡建立首个国外实习基地，到目前为止，已有6个年级的200余人在新加坡希尔顿星级宾馆、樟宜国际机场等知名企业进行旅游管理专业的培训实习。

在毕业论文（设计）环节，中心各专业强调论文（设计）选题的应用性和实践性，以提升学生的创新能力和实践能力为目标，近五年来，先后有8位教师指导的本科生论文（设计）获山东省优秀论文（设计）。

在创新实践环节，为了更加有效地进行专业或跨专业的创新拓展型实验，中心根据"青岛大学学生研究性学习和创新性实验项目"立项以及"青岛大学全国大学生文化素质教育基地实验班项目"，在导师组的指导下，组织不同专业的优秀学生进行综合、创新型实训，从经济、管理、科技、文化、历史等方面对青岛的城市定位、远景规划、经济建设、文化走向等进行调查研究，并先后完成了"青岛文化地图""青岛城市发展的概念性设计""青岛城市形象设计"和多家国际名牌企业的发展规划项目。中心还鼓励由跨专业学生组成创新实践团队开展创新实践项目研究，先后完成了"关于青岛大学大学生上网情况的调查报告""关于大学生人际关系的研究""高校文化氛围调查分析"以及"青岛市FDI引进对环境的影响"等32个创新实践项目的研究，充分培养了学生综合运用所学知识解决实际问题的能力。

（四）课程类型

不包括通识教育课和公共选修课在内，目前，中心开设的主要实训课程有56门（见表11-1），大学计算机基础、计算机操作技能实验及计算机应用基础（VFP）课程由计算机中心辅助开设。

表11-1 主要实训课程

序号	课程类型	课程名称	序号	课程类型	课程名称
1	基础	大学计算机基础	29	专业	国际金融实务
2		计算机操作技能实验	30		国际商务模拟
3		计算机应用基础（VFP）	31		网络支付与结算
4		社会经济统计软件应用	32		餐饮管理
5		统计学	33		酒水饮料
6		文献检索与办公自动化	34		金融工程
7		形体礼仪	35		仓储与配送
8	专业	人员素质测评	36		Web编程
9		数据库原理	37		采购管理、运输与包装
10		税务代理	38	综合	应用统计软件（SAS）
11		多元统计分析	39		平面设计
12		电脑动画	40		会计信息系统
13		网页设计	41		管理信息系统
14		信息化财务管理	42		旅游社管理系统操作
15		计量经济学	43		网络动画
16		保险精算学	44		电子商务
17		图文排版	45		计算机网络
18		证券投资学	46		电子政务
19		物流信息系统	47		会计模拟
20		微机原理	48	创新拓展	企业经营管理实训
21		时间序列分析	49		项目管理实验
22		商业银行经营管理	50		GIS制图与GIS二次开发实验
23		供应链管理	51		影视艺术编辑
24		旅游信息管理	52		企业信息化自主学习
25		国际贸易实务	53		网络营销
26		导游实训	54		物流管理系统规划设计
27		C程序设计	55		Matlab金融数据处理
28		前厅管理	56		播音与主持艺术

二、实施途径

(一)大力推进实验教学改革

中心的实训教学秉持"以学生为本的教育思想,以提高学生的创新能力和实践能力为核心目标,理论教学和实践教学并重,创新精神和实践能力培养相互融合、校内培养与校外实践锻炼有机结合"的理念,注重在实践中培养学生科学的学习态度、严谨的作风和对知识的综合运用能力,以全面推进学生的思想道德素质、科学文化素质和身心健康素质的协调发展。

由课内实验、专业实训、专业实习、毕业设计与创新实践活动等形式构成的实训教学体系与理论教学密切配合,相互衔接,互为补充,层层递进;涵盖基础型、综合型、创新型等不同类型的实训项目,紧扣不同类型课程的教学目标,符合学生的认知规律;情境体验、沙盘演练、软件模拟、实习、竞赛、案例分析等多种方式合理搭配,构建虚实结合的学习环境,激发学生的学习兴趣。

实验教学改革思路:

围绕"三个坚持""两个转变"的实训教学定位,借鉴理工科教育理念,构建以学生为主体,教师为主导,多层次、模块化、开放型、全过程的文科实训教学体系。

中心的实训教学体系建设贯穿"一个核心",实训课程和实训内容分为不同的层次和不同的模块,实训教学包括多个环节,讲求"三个贯通"。

(1)"一个核心":以学生的创新能力和实践能力培养为核心。

(2)分层次、分模块设置实训课程与实训内容:按照教育规律和

"夯实宽厚基础，强化通识教育，突出专业教育，强化实践教育和创新教育"的要求，循序渐进地培养学生的基本技能、专业技能和综合创新能力，以利于针对不同层次和不同科类的学生开展针对性培养，以满足不同层次的人才培养需求。因此，中心的实训教学按学科专业特点，分层次、分模块设置实训课程与实训内容。

（3）文科实训教学包括多个环节：文科实训教学以实验为基础，以实训为重点，以实习为延伸，以毕业设计和创新实践活动提升能力，因此，中心的实训教学包括多个环节。

（4）"三个贯通"：即从新生入学直到毕业离校全程贯通、文科实训教学体系逻辑贯通、学科上融合贯通。

实验教学改革方案：

（1）多层次、模块化设置实训课程与实训内容。实训课程和实训内容从纵向分为四个不同的层次，从横向又分为四个不同的模块。即基础实训、专业实训、综合实训和创新拓展实训四个递进的层次，不同层次的实训课程在理论知识方面存在交叉，同层次的实训课程也存在实践运用中的交叉。四个模块是计算机基本技能、统计数据处理、理论基础实训、专业技能训练，另加多门职前培训课程，各模块之间既相互独立、又相互贯通和相互协调。

（2）多样化的培养模式。以"发展个性、因材施教"为基本原则，以"分层培养、启发创新"为基本教学思路，创建多样化的培养模式。结合"青岛大学学生研究性学习和创新性实验项目"立项，鼓励学生在导师指导下完成课题，面向学有余力的学生开设创新型实训项目。

（3）现代化的教学手段。实时展示的多媒体教学技术：大部分实训课程采用多媒体教学，大部分教学课件均由教师自行研制，学生可在校园网下载浏览。

软件仿真实验与实时实验结合：针对部分课程开发网上虚拟实验，学生可根据实验要求先进行仿真模拟，然后再进行现场实训，采用软硬件结合、多媒体技术、网络教学三种教学手段强化实验效果。

网络互动实训教学：部分课程的实训教学和指导过程实现教师—学生互动、学生—学生互动、课程—课程互动。同时中心网站有丰富的教学资源，充分利用网络技术，采用网上预约、网上预习等方式消除空间和时间上的障碍。

（4）多样化的实训教学方法。基础型实训教学采取老师在现场授课和指导的教学方法；综合型实训教学实行开放式自主实践教学方法；创新型实训教学主要采取导师制下的研究式教学。根据文科实训教学的特点，部分课程和环节的实训教学广泛采用案例教学方法。

（5）完善的考核方式。不同学科、不同专业和不同层次的实训课程采用不同的考核方法。分别从预习、操作、动手能力和实训态度四个方面进行考核。

在教学质量保证方面，形成以定期和不定期教研、以老带新、教学督导、信息反馈为主要手段；以完善的规章制度、教师互评、学生评教为措施的实训教学质量保证和考核体系。

（二）促进实验教学与科研、工程和社会应用实践相结合

与企业合作开展实训项目的开发利用。通过与国泰安教育集团（金融工程实验室）、青岛电视台（传播实验室）、青岛市旅游局（旅游信息实验室）等共建实验室的方式，开展实验项目的开发利用。例如，中心教师所作的"城北区生态立体农业园概念规划设计""山东葡萄酒

旅游规划设计""青岛市崂山区十一五旅游发展规划系统"等7项研究成果已经被黄岛区政府、山东省旅游局、崂山区政府等部门采用。中心教师参与设计的便携式数据采集终端和条码扫描枪已在海尔集团内部工作环节上大量使用。再如,中心教师指导学生设计的"青岛火车站品牌提升方案"——阳光家园项目被评为2006年度的山东省服务名牌。2004年以来,中心还面向行业进行形体礼仪培训,课程行业培训覆盖受众超过10000人。

承担社会研究调查项目,实现"产、学、研"一体化的社会服务功能。如统计学实验室为山东省统计局和青岛市统计局等校内外单位完成各类调查项目22个,参与调查实践的学生近千人次。统计学实验室所承担的青岛市南区民生统计调查工作,其指标体系以教育、劳动就业、医疗卫生、收入分配、居民住宅、社会保障、社会治安等6类23项关系人民群众切身利益的数据为框架,旨在用统计的视角将关注点由单纯的经济发展引入百姓的生活质量,并编印了《数字市南》信息手册,对此,青岛电台、大众日报等多家媒体进行了报道。

与企业合作,开展创新性实训项目及竞赛活动,促进实训教学的发展。如物流管理实验室的ERP实验项目组与企业合作举行全国财经类高校系统的沙盘模拟大赛以及"金蝶杯"企业经营模拟赛,产生了良好的社会影响。

实训教学与社会实践做到紧密结合。中心学生通过参加"2008北京奥运会帆船比赛"志愿者服务、"22国外长会议"接待服务以及每年举办"旅游黄金周"等活动,提高了自己的社会实践能力。

组织学生参加各类大赛和实践活动,为学生的校外实践与实习提供了良好的支撑平台。组织学生利用实验室开展记者节和报刊编辑活动。每年10月组织"记者节活动周"活动,学生利用实验室拍摄大量

DV作品；按照最标准的报纸新闻的生产流程，创办了《青大新闻》，在同类高校中产生较大影响。组织学生参加挑战杯、大学生数学建模以及中国大学生民族原创动漫作品大赛等各类大赛，培养学生的实践能力与创新能力，每年参与人数达800人左右，并取得了全国大赛一等奖和金奖10余项。

三、教学方法

在实训教学方法与手段上，中心的实训教学力争做到"两个转变"，即做到由单一实训教学方式向多方式实训教学方式转变，由单一的基础性实验向综合性和创新性实验转变。根据这一理念，中心的实训教学采取多样化的实训教学方式、现代化的实训技术与手段相结合的方式。

1. 实训教学技术

中心根据文科实训教学的特点和要求，加强实训技术的研究与探索，不断提高技术水平，充分利用网络、计算机、多媒体等信息技术改革传统的教学方法与手段，具体表现在：

（1）搭建起了良好的网络技术平台。中心利用局域网组网技术，在校园网二级子网上构建了一个先进的实训教学局域网络，网络控制室有四台大容量高性能的IBM服务器，对内利用网络交换设备，使每个实验室和服务器既划分了相对独立的VLAN，又可以共享局域网资源。该网络支持基于Sever结构的专业软件和基于Client/Sever技术的专业软件运行。

（2）综合利用多媒体技术和网络技术，在12个实验室和实训室安装了多媒体投影设备，同时在1个实验室建设了多媒体录播系统，可实现同步网络直播和课后视频点播。

（3）中心还配置了商业银行经营管理、保险业务管理、物流规划沙盘、物流综合业务平台等8套模拟仿真软件，实现了与现实业务流程的对接，为模拟实训、仿真实训和分析演化实训提供了技术支持。

（4）其他技术在实训教学中的应用

中心还陆续引进非线性编辑系统、高清视频设备、专业声音采集设备等教学设备和技术，为实训教学的开展提供了技术支撑。

2. 实训教学方法

针对不同的教学内容，采取不同的教学方法：对于基础和部分专业实训课程，采用以实训教师现场指导为主，学生接受式学习的教学方式；对于综合和部分专业实训课程主要采用由双师型教师带领指导，学生组成团队，以自主式、合作式、研讨式和仿真式等具有互动性和开放性的实训教学方式为主；对于创新拓展实训项目，主要采用导师制模式。典型的实训教学方法包括：

（1）演示教学法：统计学、计量经济学、应用统计软件、多元统计分析课程的实训教学以SPSS、SAS、Eviews等软件为基础，这类课程广泛采用演示教学法。

（2）模拟教学法：模拟教学法通过模拟情景使学生在接近现实的情况下接受知识，国际商务模拟、商业银行经营管理等实训课程更多地采用这种教学方式。

（3）仿真教学法：利用计算机软件模拟现实的复杂情景，通过仿真实训培养学生的综合实践能力。物流管理系统规划设计、旅行社管理系统操作、网络支付与结算等实训课程广泛采用仿真教学法。

（4）社会调查法：创新性实践活动、毕业设计和课程设计环节主要采用社会调查法。

（5）案例教学法：部分课程和环节的实训教学还广泛采用案例教学法。中心制作了案例素材库，内容丰富，类型全面，资料新颖，强调更新。

此外，中心的实训教学还广泛采用自主式、合作式和研讨式的教学方式。

3. 实训教学手段

中心还不断改进教学手段：一是加强数据库和软件系统的使用与开发。中心通过购买和企业赠送等方式获得30多套实用的数据库和软件。二是全面开放实验室，实行开放式的实训教学，包括实验室的开放、实训内容的开放、实训时间的开放等，开放的实验室为学生自主学习营造了良好的环境。三是融合多种方式辅助实训教学。利用多媒体课件、挂图、沙盘、网上视频演示、虚拟仿真实训、真实现场实训，构建虚、实结合的教学环境，帮助学生更直观地掌握所学知识。例如，在供应链管理课程的实践教学中，为提高实训教学效果与效率，除利用传统的实训方式进行实训教学外，还采用电子沙盘等现代化的教学手段，使学生无论在课上、课下都能参与到实训中来。再如，中心的虚拟交易所系统根据实际的市场运作机制模拟投资环境，该系统采用先进的平台化技术架构、以国际流行的即时DDE动态数据为底层，结合金融交割及支付系统、实时传输金融商品信息，通过贴近真实投资市场的动态学习环境来提高学生的学习积极性。

四、考核评价

中心建立以过程控制为主的多元化的实训考核方法，不同实训教学环节和不同层次的实训课程采用不同的考核方法，最终的考核成绩根据多方面的表现来评定，即分别从预习情况、实际操作、动手能力和实训态度四个方面进行考核。具体考核方式如表11-2所示。

表11-2　中心实训教学考核方式

实训教学环节	考核方式	
实验	主要采用过程性考核方法，分别从预习情况、实际操作、动手能力和实训态度四个方面进行考核，结合最终实训考核成绩，综合评定	基础与专业实训课程： 　期末考试采用随机发题，现场设计，即时操作，口头提问相结合的方式。平时实训成绩特别好的学生期末可以免试
实训	主要按照团队合作水平+实训作品最终水平+个人独立贡献给分。依据实训时间、实训成果等给出成绩	综合实训课程： 　重点依据实训成果和实训报告等给出成绩 创新拓展型实训课程： 　重点与项目作品、论文、答辩情况以及竞赛结果结合
实习	尊重实习单位指导老师的评价，按照优、良、中、差四个等级给予考核评价。在此原则下，不同的专业根据自己的情况再细化	
毕业论文（设计）与创新实践	考核主要与项目作品、论文、答辩情况以及竞赛结果相结合，分为优、良、中、差四个等级	

此外，学校对实训教学建立了健全的质量监控保证体系，督学经常随机深入实训教学现场了解情况，征求教师和学生的意见，对实训设备、经费投入、实训环境、教学内容、方法与手段，实训教学改革、建设与管理等进行评价和信息反馈。中心制定了一系列的实训教学考评办法，对每一个岗位都确定了岗位职责和考核目标，所有受聘人员都要签订岗位聘任合同，接受年度考核（一年一考）。除了严格执行中心的各项规章制度外，中心专门成立了实训教学工作小组，从以下几方面评价和监控实训教学工作。

建立完善的教师测评制度。比如，主任听课制、期中检查、期末总结、学生测评、督学听课、意见反馈等。年终由考核小组对中心全体教师和实验室技术人员进行年度考核，评优名额向实训教师适当倾斜。

学校和中心设立了学生评教系统，每学期末，学生无记名填写教学情况调查表，由相关人员统计后，记入老师教学档案，并将学生意见反馈给中心主任、课程责任人或者老师本人，以利改进。

通过对不同层次实训课程考核，实现对学生学习效果的评价。通过在线预习检查，现场教师抽查，考查学生的预习和对实训的了解程度；通过实训过程中的巡视指导、结果检查，考查学生分析和解决问题的能力；通过批改实训报告，考查学生对实训过程、实训方法的掌握程度；通过期末实训考试，考查学生在实训要求理解、实训方案设计等多方面的表现，评判学生的实践能力。

五、保障机制

中心的良好运行离不开师资队伍、管理制度、运行模式和财务经费等多方面的保障。

（一）师资队伍保障

1. 队伍组成模式

（1）中心主任：具有理工科和经济学与管理学多学科的教育背景，青岛大学教学名师，有20多年的教育教学工作经历，多次被评为校级模范教师，获得教学成果奖多项，是学校第三层次特聘教授。中心主任主持中心的全面工作，负责制定与落实中心的发展规划，组织协调有关教师开展实训教学的改革与创新。

（2）学科负责人：设立经济学科负责人、管理学科负责人和文学学科负责人，分别由正教授担任，其职责是协助中心主任制定与落实实训教学体系构建。

（3）管理负责人：根据教管分离、设备管用分离的原则，设立实训教学管理负责人，由一位高级实验师承担，负责中心的日常管理。

（4）实训教师与技术人员：实验室有专任和兼任实训教学教师68人，其中教授38人，副教授17人，讲师13人。有专职技术人员6人，分别负责各系统的管理维护、网络的建设管理、服务器的管理维护、网站的建设、信息系统的开发管理及各实验室电脑、投影仪、LED等各类设备的管理维护和实验室的管理，实训课的技术支持等工作。

中心实训教学队伍的基本结构（职称、学历）如表11-3所示。

表11-3　中心实训教学队伍的基本结构

	正高级	副高级	中级	其他	博士	硕士	学士	其他	专职总人数
人数	18	11	7	0	27	6	3	0	36
占总人数比例	50.0%	30.6%	19.4%	0	75.0%	16.6%	8.4%	0	

2．教学科研能力与水平

近五年来，中心教师共承担各类国家级科研项目16项，省部级项目37项，横向课题11项，获各类科研奖励86项；承担省级及校级教改项目42项，获国家级优秀教学成果奖1项，省级教学成果奖10项（见科研成果部分）。

在每年的教学质量测评中，中心教师排名在青岛大学的前60名。

中心建有2门省级精品课程、15门校级精品课程。

3．成果应用与对外交流

中心将实训成果的应用作为实训教学的一个重要环节，形成了实践和教学的良性互动。如中心先后为工商银行青岛分行、中国邮政储蓄银行青岛分行、青岛即墨地税局等企事业单位组织了多期高级管理人员培训班，为青岛中润德集团做商务策划和设计网站。

近年来，中心多位教师先后到德国贝鲁伊特大学、日本大阪大学和香港理工大学等学校和研究机构进修。中心还积极邀请国内外知名学者来校讲学，先后邀请Rezvanian、蔡宗武、于宗先、周天勇、黄少安、潘巍等国内外知名学者、专家来校讲学或指导实验室建设，聘请德国中小企业理事会主席亨利安先生为实习基地顾问，近五年来，共接待省内外60余所院校的同行前来考察指导工作。此外，青岛大学在山东省高校中率先实施公派学生到国外学习、实习、研修等制度。中心旅游管理专业、金融学专业、广告设计专业通过各种国际合作项目到国外高校、企业及学术团体进行交流、学习或实习。

4. 培养、培训优化

中心制定了有关的培养和培训规划，并在每年的预算中预留了相应的培训费用。中心坚持"请进来，走出去"相结合的培养培训方式，一方面，邀请实训教学方面的专家或企业技术人员为教师提供相应的培训；另一方面，中心鼓励实训教师与国内外兄弟院校进行广泛深入的交流与合作，参与实训教学建设的相关研讨。具体培养与培训方式包括以下几方面：

（1）国内外的培训与深造。每年有20多位教师参加教育部和清华大学等举办的暑期高等学校青年教师培训班；8位教师参加中国人民大学统计学院举办的统计分析软件培训；4位教师赴德国贝鲁伊特大学、香港理工大学等访问学习；近五年来，中心先后有6位教师在职获得博士学位，一位教师在职获得硕士学位。

（2）技术培训。近年来，中心已经选送22人次的实训教学和技术管理人员参加各类技术培训，培训的内容主要涵盖网络防病毒、防火墙技术、多媒体系统应用、存储系统知识培训以及其他实验室的日常维护、故障处理知识等。

（二）管理制度保障

中心是学校实施文科实训教学的管理机构，目前挂靠在经济学院，实行校、院两级管理，建制相对独立，实行中心主任负责制，各实验室工作人员的定编定岗按照国家对不同专业技术干部和工人职责的有关条例规定及实施细则具体确定。具体管理架构如图11-5所示。

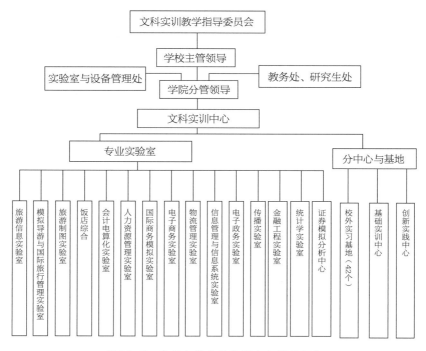

图11-5　青岛大学文科实训中心管理架构

（1）中心实验室建设由实验室与设备管理处负责，实训教学管理由教务处负责，中心对各学院的教学任务由教务处下达和检查。

（2）学校对中心的日常运行经费以专项经费的形式划拨到中心，专款专用。

（3）中心实验室实行开放式管理，制定有相应的开放管理制度，所有实训资源统筹调配。

（4）实验室管理责任到人，职责明确。只要承担了某实验室的管理任务，就承担起该实验室的日常管理、实训准备、仪器设备维护、低值易耗品管理和卫生清洁等工作。要求必须保证实验室的正常运转和设备完好。

（5）中心实行统一的管理模式。包括统一规划各专业的实训内容，统一购置、使用和管理教学仪器，统一核算实训教学的经费收支，统一管理实训用房，合理使用实验室。

（三）运行模式保障

1. 以服务学生为宗旨，建立开放型运行机制

中心对实验室进行统一管理：

（1）中心实验室分专业实验室和基础实训室。专业实验室仅对专业学生开放。基础实训室则对文科院系和全校学生开放。使用文科实训中心实验室的学生必须选修中心所开设的课程，方可使用中心实验室。

（2）各实验室设专门管理人员，由实训中心统一管理，专职负责实验室的使用监督和设备维护与更新。

（3）在实验室使用管理上，对教师实行"备案制"，对学生实行"预约审批制"。教师可根据教学需要随时使用实验室，但需要对实训内容和使用设备情况进行登记备案。学生在统一课时外使用实验室需要预约审批。学生可以申报自主实训项目，拟定实训规划，由专业教师同意后，再由实验室管理人员审批，确定使用时间。

（4）凡是纳入教学计划的实训项目，由中心根据教务处提供的教学计划统一安排实训教学时间和场所。除此之外，中心还对每门教学计划内的实训项目为学生提供自主上机时间，以巩固实训课程的教学效果。

（5）各实验室根据教师科研项目以及各类竞赛活动等的需要确定开放研究题目，也可根据实验室特点自拟设计性、综合性实训项目，

吸收部分优秀学生进入实验室参加实训。

（6）结合大学生数学建模竞赛、"挑战杯"竞赛以及青岛大学学生研究性与创新性学习实验项目，鼓励学生自选研究课题，在各实验室完成课题的方案设计，完成课题研究并撰写研究报告。

中心全方位、多角度地开放实验室，对内面向全校师生，对外面向社会和兄弟院校。

2. 建立完善的实验室管理制度，规范化管理

在文科实训中心建设过程中，中心从人才培养的基本要求出发，加强实验室管理制度建设，对教师实行"备案制"，对学生实行"预约审批制"。教师可根据教学需要随时使用实验室，但需要对实训内容和使用设备情况进行登记备案。学生在统一课时外使用实验室需要预约审批。这些制度主要包括：

（1）青岛大学实验室规则；

（2）青岛大学实验室工作规则；

（3）青岛大学实验室开放管理办法；

（4）实训中心主任职责；

（5）实验室主任职责；

（6）中心教师职责；

（7）实验器材管理规定；

（8）中心实验室管理规定；

（9）青岛大学实验室仪器操作规程；

（10）青岛大学仪器设备管理办法；

（11）青岛大学实验室安全工作规则。

（四）财务经费保障

学校每年为中心提供不少于50万元的日常运行经费，除此之外，中心还得到了各学院的经费支持，并以共建实验室的形式从海尔和国泰安教育服务集团等多家企业获得赞助，这保障了中心的运行和发展。

实训教学改革与创新的经费通过申报各级教学科研项目的方式来保障。同时，学校也在重点学科建设费中划出一定比例的经费用于实训教学改革与创新。

参考文献

1. 弗洛伊德·J.福勒.调查研究方法［M］.孙振东，龙藜，陈荟译. 重庆：重庆大学出版社，2009.

2. R.哈雷.科学逻辑导论［M］.李静等译.杭州：浙江科学技术出 版社，1990.

3. 伯顿·克拉克.高等教育系统：学术组织的跨国研究［M］.王承 绪译.杭州：杭州大学出版社，1994.

4. 毕燕，胡宝清.资源与环境类国家特色专业群建设实践与思考［J］. 中国大学教学，2010（8）.

5. 蔡雯.重新认识报纸版面的视觉传播力：由北京法制晚报的"两 会"版面引发的思考［J］.新闻记者，2011（4）.

6. 曹爱民.媒介融合时代新闻实践教学的变革［J］.玉林师范学院 学报：哲学社会科学，2011（1）.

7. 曹石珠.论课堂教学的体验缺失及其矫正［J］.教育科学，2004（1）.

8. 曾雪丽，冯彦武.对高校文科实验教学管理的若干思考［J］.实 验技术与管理，2011（12）.

9. 陈厚丰.中国高等学校分类与定位问题研究［M］.长沙：湖南大 学出版社，2004.

10. 陈坚民.加强校内外实践教学基地建设打造创业型人才培养实践 平台［J］.实验室研究与探索，2009（3）.

11. 陈林杰.高职院校专业群构建的路径研究与实践案例［J］.中国 职业技术教育，2007（26）.

12. 成岳，吴彩斌，刘媚等.实践教学与实习基地建设的探索［J］.实验室研究与探索，2010（10）.

13. 杜威.民主主义与教育［M］.王承绪译.北京：人民教育出版社，1990.

14. 樊佳.基于无界化职教理念的研究［J］.山东工业技术，2013（5）.

15. 樊树海等.实验课创新激励平台开放式成绩评分系统研究与开发［J］.实验技术与管理，2011（5）.

16. 龚兆先.建筑学专业群学生能力的极化培养：模式与实施保障［J］.中国建设教育，2009（10）.

17. 龚兆先.一种新型本科人才培养模式："框架+强势"［J］.高教探索，2007（6）.

18. 顾基发，刘怡君，牛文元.社会复杂问题与综合集成方法［J］.科学中国人，2010（9）.

19. 顾明远.教育大辞典：增订合编本［M］.上海：上海教育出版社，1998.

20. 郭赫男.传播视野中的"拟态环境"研究［M］.成都：四川大学出版社，2008.

21. 郭嘉仪.经管类跨专业综合实验教学管理机制的探索［J］.实验室研究与探索，2011（8）.

22. 韩希昌，张玉艳.校企共建校内实践教学基地的探索与实践［J］.沈阳工程学院学报：社会科学版，2010，6（2）.

23. 韩芝侠，魏辽博，韩宏博等.仿真虚拟实验教学的研究与实践［J］.实验技术与管理，2006（2）.

24. 何林锦，翟云波，李彩亭等.项目式实验教学模式及其可行性评价方法［J］.实验室研究与探索，2010（2）.

25. 黄先开，杨鹏，周华丽等.地方综合性大学协同型产学研合作教育模式研究［J］.中国大学教学，2012（11）.

26. 江国全，季海波.基于工作过程的"营销方案策划"课程开发与实践［J］. 黑龙江科技信息, 2010（35）.

27. 姜卫玲. 媒介融合背景下的新闻教育改革研究［J］. 新闻界, 2011（4）.

28. 蒋雄. "2011协同创新中心"认定结果公布［N］. 中国纺织报, 2013-04-23.

29. 李红祥. 媒介融合下新闻学专业人才培养模式的变革［J］. 文教资料, 2012（2）.

30. 李皙, 杨秀丽. 广播电视新闻主持人素质要求初探［J］. 中国广播, 2011（4）.

31. 李忠云, 邓秀新. 高校协同创新的困境、路径及政策建议［J］. 中国高等教育, 2011（17）.

32. 刘方, 何玉宏. 高职院校专业群构建的路径探析［J］. 常州信息职业技术学院学报, 2010（1）.

33. 刘家枢, 高红梅, 赵昕. 适应区域产业集群要求的高职专业集群发展对策思考［J］. 现代教育管理, 2011（4）.

34. 刘守合, 杨煦, 逯燕玲. 应用型文科专业群综合实验教学组织管理体系［J］. 实验室研究与探索, 2013（7）.

35. 刘悦伦, 沈奎. 协同创新已成为当今世界潮流［N］. 南方日报, 2009-02-25.

36. 龙月娥, 徐宗玲. 基于市场需求对接的会计专业学生能力培养: "整合思维"植入视角［J］. 教学研究, 2013（1）.

37. 逯燕玲, 戴红, 侯爽. 基于CDIO教育理念的数据库课程实验设计［J］. 实验技术与管理, 2013（1）.

38. 路德维希·胡贝尔. 通识教育与跨专业学习［J］. 北京大学教育评论, 2007（10）.

39. 罗翔宇. 媒介融合视阈下传媒专业实践教学的变革［J］. 湖北民族学院学报: 哲学社会科学版, 2012（4）.

40. 罗勇，王艳瑾．创新实验项目开放形式，推动实验教学改革：重庆工商大学创设开放实验项目"超市"的探索与实践［J］．实验技术与管理，2012（3）．

41. 罗勇武，刘毓，肖冰．高职院校专业群研究现状述评［J］．职教论坛，2008（11）．

42. 马陆亭．高等学校的分层与管理［M］．广州：广东教育出版社，2004．

43. 牛爱芳，钟丽，朱科蓉等．以文科复合应用型人才培养为核心 加强应用文科综合实验教学中心建设［J］．实验室研究与探索，2013（3）．

44. 潘懋元，车如山．做强地方本科院校：地方本科院校的定位与特征研究［J］．中国高教研究，2009（12）．

45. 潘懋元．产学研合作教育的几个理论问题［J］．中国大学教学，2008（3）．

46. 潘祥辉，孙志刚．务实创新：媒介融合时代美国新闻教育及其启示［J］．浙江传媒学院学报，2012（6）．

47. 彭兰．社会化媒体、移动终端、大数据：影响新闻生产的新技术因素［J］．新闻界，2012（16）．

48. 彭新一．文科综合实验教学体系构建研究［J］．实验室研究与探索，2011（10）．

49. 孙纯学，白德成，高若宇．高校文科跨专业实验教学中心的建设［J］．实验室研究与探索，2009（3）．

50. 孙峤．地方院校大学生创新意识培养的实践与思考［J］．实验技术与管理，2011（10）．

51. 王沛民，顾建民，刘伟民．工程教育理念和实践的研究［M］.杭州：浙江大学出版社，1994．

52. 王瑞兰．依托校外实习基地培养大学生的工程实践能力［J］．实验室研究与探索，2011（4）．

53. 王学东. 体验式教学模式的构建与实施 [J]. 乐山师范学院学报，2009（6）.

54. 吴结兵，蔡宁. 产业集群理论述评：从三个角度看集群理论的融合与发展 [J]. 重庆大学学报：社会科学版，2007（6）.

55. 肖冰，韩秋莹."无界化"理念与高职院校专业群建设 [J]. 教育评论，2009（3）.

56. 谢维和. 中国高等教育大众化进程中的结构分析：1998—2004年的实证研究 [M]. 北京：教育科学出版社，2007.

57. 谢贞发. 产业集群理论研究述评 [J]. 经济评论，2005（5）.

58. 辛继湘. 试论体验性教学模式的建构 [J]. 高等教育研究，2005（3）.

59. 徐志培，何凡. 高仿真综合实验平台在经管类专业实践教学中的应用 [J]. 企业技术开发，2012（1）.

60. 杨积堂，张宝秀. 文科跨专业综合集成实验教学模式创新与探索：以北京联合大学应用文科综合实验教学中心为例 [J]. 实验技术与管理，2011（9）.

61. 杨林，李伟，李宏. 综合集成战略：地方高校实现跨越式发展的现实选择 [J]. 清华大学学报：哲学社会科学版，2009（6）.

62. 杨通宇. 体验教学的理论研究 [J]. 当代教育论坛，2006（4）.

63. 杨煦，刘守合，逯燕玲. Blackboard网络学堂的使用效益分析及提高途径 [J]. 中国教育信息化，2013（10）.

64. 杨艳秋，李伟凯. 地方高校实习基地建设机制与实践教学模式创新研究 [J]. 黑龙江高教研究，2012（7）.

65. 杨燕. 对实验课程改革与实验室建设问题的思考 [J]. 暨南高教研究，2004（1）.

66. 姚利民. 大学教师有效教学论 [M]. 长沙：湖南大学出版社，2008.

67. 应智国. 论专业群建设与高职院校的核心竞争力 [J]. 教育与职业，2006（5）.

68. 游柱然，胡英姿．体验与建构：当代美国高校实践教学研究［M］．北京：中国社会科学出版社，2014．

69. 袁洪志．高职院校专业群群体探析［J］．中国高教研究，2007（4）．

70. 原春琳．香港科技大学吴家玮校长：世界一流大学要找准自己的定位［N］．中国青年报，2001-05-24．

71. 张宝秀，张景秋．应用理科、应用文科人才培养目标及其实现路径［J］．中国高教研究，2008（50）．

72. 张斌贤．外国教育思想史［M］．北京：高等教育出版社，2007．

73. 张荣．体验式教学的创新性与实施条件［J］．吉林省教育学院学报，2007（11）．

74. 张瑞成，陈至坤，王福斌．学科竞赛内容向大学生实践教学转化的探讨［J］．实验技术与管理，2010（7）．

75. 张霜．教学环境构成要素分析［J］．大众科学，2007（16）．

76. 郑曙旸．关于高等学校文科实验教学的思考［J］．首届高等学校实验室工作论坛论文汇编，2007．

77. 郑长江，殷慧芬，张留禄．应用型工科院校人文社会科学专业实践教学体系构成及优化路径［J］．职业技术教育，2009（11）．

78. 朱科蓉，韩建业．文科综合类实验教学示范中心的运行模式研究［J］．实验技术与管理，2011（9）．

79. 张宝秀，朱科蓉．"文科综合"的内涵与文科综合实践课程体系建设［J］．实验技术与管理，2013（1）．

80. 张宝秀，张景秋，刘聪聪．城市型、应用型大学服务大城市文化建设的理论思考与实践探索［J］．北京联合大学学报，2017（2）．

81. 张宝秀，韩建业，杨积堂，孙建华，程德林．学以致用 实践育人：北京联合大学应用文科综合实验教学中心建设纪实［J］．北京教育：高教版，2010（4）．

82. 张宝秀，韩建业．高等学校文科实验教学的创新与实践：全国第二届国家级文科综合类实验教学示范中心建设理论与实践研讨会 [C]. 北京：知识产权出版社，2013.

83. 朱科蓉，王彤. 跨学科多专业协同实践教学的探索 [J]. 现代教育管理，2014（1）.

84. 朱科蓉，韩建业，杨积堂. 文科实验教材的特点及其编写 [J]. 实验室研究与探索，2013（7）.

85. 朱科蓉，杨积堂. 文科大学生创新特点及创新能力的培养路径 [J]. 现代教育管理，2013（5）.

86. 朱科蓉. 开发"五结合"途径 培养文科学生实践创新能力 [J]. 实验技术与管理，2016（2）.

87. 朱科蓉，韩建业. 文科综合实验教学中心的示范作用：以北京联合大学应用文科综合实验教学中心为例 [J]. 现代教育管理，2012（5）.

88. 朱科蓉. 文科实验室的建设意义与策略：以北京联合大学应用文科综合实验教学中心为例 [J]. 现代教育管理，2010（7）.

89. 朱科蓉. 文科类虚拟仿真实验教学中心建设的问题与思考 [J]. 现代教育管理，2016（1）.

90. 朱科蓉，韩建业. 文科综合类实验教学中心的开放与实践 [J]. 实验室研究与探索，2015（4）.

91. 朱科蓉，王彤，刘守合. 跨专业综合实践课程的探索 [J]. 实验技术与管理，2014（9）.

92. 朱科蓉. 从学术型向应用型转变的专业改革策略 [J]. 现代教育管理，2010（9）.

93. 徐平，杨玲. 高等学校文科实验教学的探索与创新 [C]. 辽宁：辽宁大学出版社，2011.

94. 孔繁敏. 建设应用型大学之路 [M]. 北京：北京大学出版社，2006.

95. 孔繁敏. 地方本科高校应用型人才培养的实证研究：做强地方本科院校 [M]. 北京：北京师范大学出版社，2009.

96. Anni Raw,Ana Rosas Mantecón. Evidence of a transnational arts and health practice methodology? A contextual framing for comparative community-based participatory arts practice in the UK and Mexico [J]. Arts & Health, 2013, 5(3).

97. Deanne Lynn Clouder. Professional Practice in Health, Education and the Creative Arts [J]. Physiotherapy, 2002, 88(2).

98. Ronald W. Fagan, Raymond G. DeVries. The practice of sociology at christian liberal arts colleges and universities [J]. The American Sociologist, 1994, 25(2).

99. Helen J. Streubert Speziale. Faculty Practice in a Small Liberal Arts College [J]. Nurse Educator, 2001, 26(2).

100. David Sandomierski. Legal Inquiry: A Liberal Arts Experiment in Demystifying Law [J]. Canadian Journal of Law and Society / Revue Canadienne Droit et Société, 2014, 29(3).

图书在版编目（CIP）数据

地方本科高校文科专业群综合实践教学研究／张宝秀主编 . 一北京：北京师范大学出版社，2020.9
ISBN 978-7-303-22393-0

Ⅰ. ①地… Ⅱ. ①张… Ⅲ. ①地方高校－文科（教育）－教学研究 Ⅳ. ①G642.0

中国版本图书馆CIP数据核字（2017）第114506号

营 销 中 心 电 话	010-58807651
北 师 大 出 版 社 高 等 教 育 分 社 微 信 公 众 号	新外大街拾玖号

DIFANG BENKE GAOXIAO WENKE ZHUANYEQUN ZONGHE
SHIJIAN JIAOXUE YANJIU

出版发行：北京师范大学出版社　www.bnup.com
　　　　　北京市西城区新街口外大街12-3号
　　　　　邮政编码：100088
印　　刷：北京京师印务有限公司
经　　销：全国新华书店
开　　本：730 mm × 980 mm　1/16
印　　张：17
字　　数：400千字
版　　次：2020年9月第1版
印　　次：2020年9月第1次印刷
定　　价：58.00元

策划编辑：王则灵　　　　责任编辑：肖　寒
美术编辑：李向昕　　　　装帧设计：锋尚设计
责任校对：张亚丽　　　　责任印制：马　洁